Les Éditions du Boréal
4447, rue Saint-Denis
Montréal (Québec) H2J 2L2
www.editionsboreal.qc.ca

Le Cinéma québécois

Marcel Jean

Le Cinéma québécois

nouvelle édition

Boréal

Les Éditions du Boréal remercient le Conseil des Arts du Canada
ainsi que le ministère du Patrimoine canadien et la SODEC
pour leur soutien financier.

Les Éditions du Boréal bénéficient également du Programme
de crédit d'impôt pour l'édition de livres du gouvernement du Québec.

Design de la couverture : Olivier Lasser

Éditions du Boréal 2005
Dépôt légal : 3e trimestre 2005
Bibliothèque nationale du Québec

Diffusion au Canada : Dimedia
Distribution et diffusion en Europe : Les Éditions du Seuil

Catalogage avant publication de Bibliothèque et Archives Canada

Jean, Marcel, 1963-

   Le Cinéma québécois

   (Collection Boréal express ; 2)
   Comprend des réf. bibliogr. et un index.

ISBN 2-7646-0415-7

1. Cinéma – Québec (Province) – Histoire. 2. Cinéma – Aspect social – Québec (Province). 3. Cinéma – Industrie – Québec (Province). I. Titre.

PN1993.5.C3J42   2005   791.43'09714   C2005-941642-4

Sommaire

Avant-propos

L'histoire du cinéma québécois tout entière est condition-
née par les rapports qu'entretiennent les créateurs avec le
public du Québec. L'étroitesse du marché québécois ainsi que
sa singularité (culturelle et linguistique), à l'intérieur de l'im-
mense marché nord-américain, sont à l'origine de la fragilité
économique de cette petite cinématographie tiraillée entre la
France et les États-Unis. Le cinéma étant une industrie, l'économie joue un rôle déterminant dans son évolution esthétique. Cela se vérifie au Québec tant par la spontanéité du
jeune cinéma de fiction des années 1960 (avant que l'infra-
structure industrielle ne prenne forme) que dans le glacis des
productions des années 1980 (apparemment nécessaire à la
mondialisation des marchés).

Alors que le cinéma américain continue d'accroître sa
domination sur les marchés internationaux, le Québec résiste
d'une manière étonnante. En effet, en 2004, les films québécois ont accaparé 14 % du marché local, performance remarquable qui constitue une véritable exception à l'échelle occi-
dentale. Une telle statistique n'est pas un accident de
parcours puisqu'elle succède aux 13 % enregistrés en 2003 et
aux 8 % en 2002. La part de marché du cinéma québécois
semble donc être en nette progression à l'heure même où les
cinématographies nationales s'effondrent sous la pression de
la mondialisation. Un tel phénomène n'est évidemment pas le
fruit du hasard. Il s'agit plutôt du résultat d'une longue récon-
ciliation entre un peuple et sa cinématographie, le cinéma

québécois ayant amorcé la reconquête de son public au milieu de la décennie 1980 avec des films comme *Le Déclin de l'empire américain* (Denys Arcand) et *Un zoo la nuit* (Jean-Claude Lauzon). Désormais, à l'intérieur du marché québécois, les films produits localement ont une valeur commerciale égale, sinon supérieure, à celle des *blockbusters* américains[1]. Cela représente un véritable changement par rapport à la situation qui existait il y a à peine 25 ans, alors que le cinéma québécois, cherchant désespérément son public, réussissait à égarer ses meilleurs auteurs.

L'évolution de la société québécoise transparaît dans les bouleversements qui marquent l'histoire du cinéma québécois. La société ultracatholique et fermée sur elle-même des années 1940 et 1950 donne naissance à une première vague de documentaires et de films de fiction ; viennent ensuite la Révolution tranquille et la montée nationaliste, qui se traduisent par l'éclosion du cinéma direct et l'effervescence du jeune cinéma de fiction des années 1960, puis le désenchantement référendaire, dont l'équivalent est le climat de morosité cinématographique qui persiste de 1980 à 1984, et, enfin, le Québec à l'heure de la mondialisation, celui de l'entreprenariat, dont l'image reflète le nouveau discours pro-industriel des cinéastes, des producteurs et des distributeurs.

À travers ces époques, le public québécois a vécu avec son cinéma une série de ruptures et de réconciliations. Il y eut les lunes de miel des années 1940, du début des années 1970, de la fin des années 1980 et des années 2000, ainsi que les divorces de la décennie 1950 et de la fin des années 1970.

La faveur dont jouit aujourd'hui le cinéma québécois a suscité la publication de plusieurs ouvrages qui lui sont consacrés ; ainsi, il a maintenant son dictionnaire et son histoire générale.

---

1. Selon les données fournies par la société Cineac, huit films québécois figurent au palmarès des 50 films ayant cumulé le plus de recettes au Québec : *Séraphin — Un homme et son péché*, *La Grande Séduction*, *Les Boys*, *Les Invasions barbares*, *Les Boys II*, *Les Boys III*, *Elvis Gratton 2 — Miracle à Memphis* et *Camping sauvage*. Par comparaison, seulement deux films français (*Astérix et Obélix : Mission Cléopâtre* et *Le Fabuleux Destin d'Amélie Poulain*) apparaissent sur cette liste (liste datée du 30 décembre 2004).

Le présent ouvrage aborde l'industrie cinématographique à partir des films qui en sont issus et il privilégie donc les auteurs par rapport aux producteurs et aux administrateurs qui établissent les règles du jeu. En outre, il est consacré uniquement au cinéma francophone, mais cette séparation linguistique ne répond pas à des motifs politiques. Elle est plutôt induite par la problématique qui sous-tend le cinéma anglo-québécois et qui, pour l'essentiel, rejoint celle de l'ensemble du cinéma canadien. Nous nous sommes quand même permis, à l'occasion, d'évoquer certaines réalisations anglophones lorsque celles-ci étaient intimement liées à l'évolution du cinéma francophone.

Dans le même ordre d'idées, nous avons exclu une branche très importante du cinéma québécois : le cinéma d'animation. Les nombreux prix remportés, un peu partout, par les cinéastes d'animation québécois témoignent de leur incroyable vitalité. Les Norman McLaren, Frédéric Back, Pierre Hébert, Jacques Drouin, Co Hoedeman, Suzanne Gervais, Michèle Cournoyer, Martine Chartrand et Patrick Bouchard comptent autant dans la reconnaissance du cinéma québécois, ici et à l'étranger, que tout documentariste ou cinéaste de fiction. Cependant, pour parler adéquatement de leurs œuvres et de celles de dizaines d'autres animateurs, un livre comme celui-ci devrait leur être entièrement consacré.

Précisons que *Le Cinéma québécois* est, comme son titre l'indique, un essai sur le cinéma québécois et non sur le cinéma au Québec. On y trouvera donc bien peu d'informations sur la distribution de films étrangers au Québec, sur les conditions d'exploitation et sur les divers secteurs de l'industrie qui ne touchent pas directement la production. Cet ouvrage traite essentiellement de l'esthétique, de la thématique et, parfois, de la réception publique et critique des films cités. Il aurait bien sûr été impossible d'être exhaustif. Nous avons préféré saisir quelques grandes tendances — et quelques œuvres importantes — plutôt que de nous restreindre à un découpage temporel strict qui aurait été, somme toute, très peu révélateur de l'évolution du cinéma québécois. Nous sommes conscient que le travail de certains cinéastes (Denys Arcand, Michel Brault, Gilles Carle, pour n'en nommer que trois) s'étale sur plusieurs périodes et se rattache à diverses tendances. La décision d'analyser leur œuvre dans un chapitre donné plutôt que dans un autre est donc forcément discutable.

Note : Les titres de films sont habituellement suivis d'une parenthèse contenant le nom du réalisateur, l'année du copy-right et une indication sur sa longueur. Les abréviations sui-vantes sont utilisées pour indiquer la longueur des films : t.c.m. (très court métrage, film dont la durée est inférieure ou égale à cinq minutes) ; c.m. (court métrage, film dont la durée est supérieure à cinq minutes mais inférieure ou égale à 30 minutes) ; m.m. (moyen métrage, film dont la durée est supérieure à 30 minutes mais inférieure ou égale à 60 minutes). Lorsque aucune abréviation n'accompagne le titre d'un film, il s'agit d'un long métrage, c'est-à-dire un film dont la durée est supérieure à 60 minutes.

CHAPITRE 1

Les pionniers du documentaire

Les premières images tournées au Québec le furent par des étrangers. En effet, des projectionnistes itinérants d'origine française ou américaine, ainsi que des opérateurs mandatés par les firmes Edison et Lumière, sont à la source du cinéma québécois.

Environ 80 films tournés au Canada avant 1914 ont été enregistrés par Edison à la Library of Congress de Washington ; ce sont, pour la plupart, des bandes à caractère touristique. De leur côté, les Français Louis Minier et Félix Mesguish, tous deux projectionnistes envoyés au Québec pour exploiter une concession du Cinématographe Lumière en 1896 et 1897, ont prétendu avoir tourné des films pendant leur séjour. Il est cependant demeuré impossible d'en trouver la trace. On sait cependant qu'un autre opérateur Lumière, Gabriel Veyre, a tourné une bande intitulée *Danse indienne,* à Kahnawake, en septembre 1898. Il s'agit du seul film tourné en sol québécois au XIXᵉ siècle qui ait traversé le temps.

Au cours de l'été 1897, un film publicitaire sur le journal *La Presse* et un film sur les pompiers de Montréal sont tournés par Allan May, un projectionniste d'origine américaine. L'année suivante, Marie de Tréourret de Kerstrat et son fils, Henry de Grandsaignes d'Hauterives, deux aristocrates français qui sillonnent la province avec leur projecteur baptisé l'Historiographe, présentent un film sur les funérailles du cardinal Taschereau. L'ont-ils tourné eux-mêmes ? L'ont-ils acheté à un autre opérateur ? Impossible encore de répondre à cette question.

Léo-Ernest Ouimet, qui en janvier 1906 a ouvert la première salle de cinéma permanent au Québec (le Ouimetoscope, rue Sainte-Catherine, à Montréal), innove une fois de plus en passant à la production dès l'automne de la même année. Ses bandes d'actualités font de lui le premier cinéaste québécois. Parmi ses films les plus connus, signalons *L'Incendie de Trois-Rivières* et *Wilfrid Laurier à l'assemblée de Laprairie,* deux bandes tournées en 1908.

Les pères fondateurs, Mgr Albert Tessier et l'abbé Maurice Proulx

Si Léo-Ernest Ouimet fut le premier Québécois derrière la caméra, c'est à deux hommes d'Église que nous devons cependant la véritable naissance d'une tradition documentaire au Québec. En effet, Mgr Albert Tessier et l'abbé Maurice Proulx devancent les autorités ecclésiastiques — qui tiendront le cinéma, cet « immoral Moloch moderne du plaisir », en suspicion jusqu'en 1936 — en se consacrant à la réalisation de films documentaires dès le milieu des années 1920 dans le cas de Tessier et en 1934 dans le cas de Proulx.

L'historien Germain Lacasse[1] relate que, en 1917 ou en 1918, Alphida Crête, un optométriste et trappeur de Grand-Mère, tourne un documentaire intitulé *Chasses et pêches canadiennes.* Quelques années plus tard, Crête passe ses vacances à naviguer sur le Saint-Maurice avec deux compagnons : le jeune prêtre Albert Tessier et Ernest Denoncourt.

Tessier, amant de la nature et fervent croyant, apprend de ses deux compagnons de vacances le maniement de la caméra. Homme de culture attiré par les communications, il se servira abondamment du cinéma, réalisant quelque 70 films de 1925 à 1956. L'énumération de quelques titres donne une idée des préoccupations de celui qui deviendra Mgr Tessier : *Dans le bois* (1925-1930, c.m.), *Cantique à la création* (1942, c.m.) et *Pour aimer ton pays* (1943, c.m.).

---

1. Germain Lacasse, *Histoire de scopes,* Montréal, Cinémathèque québécoise, 1988, p. 62.

Dans ses films, qu'il tourne en solitaire, Tessier cherche à aider l'homme à prendre conscience de son milieu, à valoriser le travail effectué en relation étroite avec la nature et à glorifier Dieu, son créateur. Il diffuse ses films, généralement très courts, de façon artisanale. Il les présente dans diverses salles, faisant lui-même office de projectionniste et improvisant un commentaire de vive voix pendant la représentation. Le public de ces « ciné-conférences » offre un curieux aperçu de la société québécoise : étudiantes des instituts familiaux, bûcherons, membres de la Société Saint-Jean-Baptiste ou encore gros bonnets de Rideau Hall.

Personnalité imposante, Mgr Albert Tessier est aussi enseignant, historien, éditeur, journaliste et photographe. Ce dernier métier caractérise d'ailleurs le mieux sa façon de filmer, car, dans ses œuvres, il apporte un soin considérable au cadrage et à la lumière, mais sans jamais arriver à manifester un véritable sens de la durée, du rythme, du montage.

En fait, l'importance de l'œuvre de Tessier se manifeste davantage dans sa fonction d'animation culturelle que dans ses qualités proprement cinématographiques. Réalisés sans moyens à une époque où le cinéma québécois existait à peine, ses films ont avant tout une valeur d'archives ; ils constituent les témoignages d'un pionnier désireux de communiquer son amour de Dieu, du pays, de la nature, du travail bien fait et des éléments fondamentaux de la foi catholique.

L'abbé Maurice Proulx, cet autre grand pionnier du cinéma québécois, apprend à se servir d'une caméra pendant ses études à l'Université Cornell à New York, au début des années 1930. Professeur d'agronomie à Sainte-Anne-de-la-Pocatière, de 1934 à 1943, il prend rapidement conscience des possibilités pédagogiques du cinéma.

Son premier film, *En pays neufs* (1934-1937), constitue une étape importante dans le développement du cinéma québécois. Il s'agit en effet du premier long métrage documentaire sonore réalisé au Canada. Œuvre de propagande tournée pour le compte du ministère de la Colonisation et de l'Agriculture, ce film présente les principales étapes de l'établissement de la colonie de Sainte-Anne-de-Roquemaure, en Abitibi. On y remarque le talent de cadreur de Proulx, sa sensibilité envers la nature, son goût pour les commentaires édifiants, de même que son habileté à convaincre grâce à un montage dont le ton didactique ne se dément jamais. Déjà, Proulx a assimilé les rudiments du documentaire traditionnel.

Avec *En pays neufs,* on voit poindre les trois thèmes qui marqueront son œuvre : l'agriculture, la religion et le territoire québécois (qu'il s'agisse de promouvoir le tourisme ou la colonisation). Ses films agricoles, les plus didactiques, Proulx les met à l'épreuve en les utilisant pour son enseignement. Tantôt promoteur des méthodes d'agriculture traditionnelles (*Le Percheron,* 1946, c.m.), tantôt favorable aux méthodes de travail modernes (*Défrichement motorisé,* 1946, c.m.), Proulx manifeste un intérêt constant pour les images précises et efficaces, allant même jusqu'à faire construire des lentilles grossissantes spéciales pour son film *Les Ennemis de la pomme de terre* (1949, c.m.), qui contient les premiers plans macrophotographiques réalisés au Québec. Cette innovation technique révèle l'intérêt marqué du cinéaste pour le film scientifique.

Véritable cinéaste officiel du gouvernement Duplessis, mais aussi au service de l'Église, Proulx répond aux besoins de divers organismes, plus particulièrement le ministère de la Colonisation et de l'Agriculture. L'Office du tourisme du Québec fera aussi largement appel à celui qui, mieux que tout autre cinéaste, représente l'idéologie de conservation que promeuvent l'Église et l'État, des années 1930 aux années 1950.

Lorsqu'il arrête de tourner en 1961, après avoir réalisé *La Culture maraîchère en évolution* (c.m.), l'abbé Proulx a conçu une quarantaine de films, pour la plupart des courts métrages. Son œuvre représente l'un des principaux témoignages cinématographiques des trois décennies précédentes.

Des thèmes à l'image d'une société

Les débuts du cinéma documentaire québécois sont marqués par l'exploitation de quelques grands thèmes : l'exploration du territoire, la nature, l'agriculture, la religion, l'artisanat, l'éducation et le coopératisme, pour ne nommer que les principaux.

À ce chapitre, les œuvres d'Albert Tessier et de Maurice Proulx sont parfaitement représentatives puisqu'elles abordent de front la totalité de ces sujets. À travers ces thèmes, on reconnaît une société rurale centrée sur elle-même, dominée par les valeurs catholiques et l'idéologie de conservation.

Relancée pour contrer les effets de la crise économique de 1929 et principalement abordée par l'abbé Proulx dans ses deux longs métrages (*En pays neufs* ; *En pays pittoresque*, 1939), la colonisation constitue un thème de choix qui lui donne l'occasion de faire l'apologie d'une vie en rapport constant avec la nature, au sein d'une communauté homogène où l'Église occupe la place centrale. On retrouve dans ses films l'essence même de la société québécoise d'avant la Révolution tranquille.

Les films agricoles et les films axés sur la nature se situent dans le prolongement direct des réalisations traitant du thème de la colonisation ; qu'ils soient signés par Proulx ou Tessier, ils présentent la nature comme le lieu privilégié d'un contact avec Dieu. La présence d'une dimension spirituelle n'a rien d'étonnant si on garde à l'esprit le fait que Tessier et Proulx, comme la plupart des cinéastes de cette époque, étaient membres du clergé.

L'intérêt que les cinéastes portent à la nature débouche sur la réalisation de quelques films scientifiques (notamment par l'abbé Proulx), de plusieurs films sur des espèces animales (par Paul Provencher) ou végétales (par l'abbé Proulx et Mgr Tessier) ou encore de films s'intéressant aux Amérindiens (notamment par Paul Provencher et le père Louis-Roger Lafleur).

Bien entendu, dans certains films, la religion ne constitue pas simplement une toile de fond : elle en devient le sujet principal. C'est ainsi que le cinéma québécois compte une grande quantité de films portant sur les congrès eucharistiques ou mariaux, sur les œuvres ou l'histoire des congrégations religieuses ou encore sur des fêtes et événements religieux divers.

L'éducation étant une responsabilité des ecclésiastiques, les cinéastes s'y intéressent et tout spécialement Mgr Tessier, qui était aumônier visiteur des instituts familiaux (où l'on enseignait aux jeunes filles tout ce qu'une épouse devait savoir). Aussi, l'intérêt constant pour le patrimoine québécois est à l'origine de quelques films sur l'artisanat. Enfin, le coopératisme, réponse québécoise au capitalisme nord-américain, est abordé tant par l'abbé Proulx (*Le Cinquantenaire des caisses populaires,* 1951, c.m.) que par Mgr Tessier (*Le Miracle du curé Chamberland,* 1952, c.m.). À la même époque, plusieurs cinéastes de l'Office national du film du Canada consacrent des films à ce sujet.

Quelques hommes à la caméra

Parmi les autres cinéastes qui se distinguent à partir des décennies 1930 et 1940, plusieurs sont membres du clergé. Au Saguenay–Lac-Saint-Jean, par exemple, les abbés Thomas-Louis Imbault, Paul Joron, Léonidas Larouche, François-Joseph Fortin et Victor Tremblay font figure de mémorialistes. On retrouve des hommes comme eux dans plusieurs régions du Québec.

Le plus important d'entre eux est sans contredit le père Louis-Roger Lafleur, dont la carrière commence en 1936. Deux de ses films réalisés en Abitibi-Témiscamingue à la fin des années 1930 (*Mœurs des Indiens du Québec,* c.m. ; *Le Canot d'écorce,* c.m.) comptent parmi les plus anciens témoignages visuels sur les Amérindiens. Ils présentent d'ailleurs de ce peuple une vision fort progressiste pour l'époque, le cinéaste étant davantage attentif à la vie des Indiens que ne l'a été l'abbé Proulx dans son célèbre *En pays neufs.* Au cours des décennies 1940 et 1950, selon les postes qu'il occupe au sein de sa communauté religieuse, Lafleur s'intéresse surtout aux missions situées dans les Territoires du Nord-Ouest et en Haute-Mauricie.

Un autre cinéaste, laïque celui-là, filme les Amérindiens. C'est Paul Provencher, un ingénieur forestier qui, à partir de 1935, parcourt les bois avec une caméra dans ses bagages. Ingénieux, Provencher améliore rapidement ses conditions de tournage en installant sa caméra sur une crosse de fusil. Soutenu par l'anthropologue Marius Barbeau, qui travaille pour le gouvernement fédéral, il filme les Montagnais de la Côte-Nord (*Les Montagnais,* 1935, m.m.), mais il se consacre aussi à des observations de la nature et de la vie en forêt. Cinéaste au regard attentif, il monte ses films de façon rudimentaire et, comme Mgr Tessier, commente régulièrement ses images lors de « ciné-conférences ».

Originaire du Lac-Saint-Jean mais ayant vécu à Québec à partir de 1927, Herménégilde Lavoie est le dernier des grands pionniers du documentaire québécois. Engagé par l'Office du tourisme et de publicité du Québec, il y travaille pendant 20 ans avant d'être congédié par Duplessis (1947). Dès lors, il fonde sa maison de production et continue de réaliser en abondance. L'œuvre de Lavoie s'articule sur trois grands thèmes. D'abord, dans la série de 12 courts métrages intitulée *Les Beautés de mon pays,* réalisée pendant qu'il travaille pour le gouvernement, il se fait le promoteur du tourisme au Québec ; ensuite, pour son entreprise, il réalise de nombreux documentaires industriels et quelques œuvres à vocation historique ou scientifique ; enfin, de 1949 à 1959, il consacre huit films à autant de congrégations religieuses.

Le travail d'Herménégilde Lavoie se caractérise par un grand soin apporté aux images et par un constant souci de professionnalisme. Les thèmes qu'il privilégie rejoignent ceux que Proulx et Tessier ont exploités ; comme eux, Lavoie cherche à valoriser la culture et la société québécoises dans ce qu'elles ont de plus profond, de plus singulier.

Le travail de ces créateurs, lorsqu'on le met en parallèle avec celui de cinéastes américains ou français de la même époque, ne soutient guère la comparaison. Il faut cependant bien remettre les choses dans leur contexte. Quand, en 1925, par l'entremise de Mgr Tessier, le cinéma québécois émet ses premiers balbutiements, les cinématographies française et américaine ont déjà 30 ans d'histoire ; quand l'abbé Proulx termine *En pays neufs* (1937), le cinéma parlant existe depuis 10 ans et, forcément, le surréalisme, l'expressionnisme ainsi que toutes les grandes écoles du muet appartiennent au passé. Le cinéma québécois accuse donc un long retard sur toutes les grandes cinématographies, retard qu'il ne comblera qu'avec l'avènement du cinéma direct, à la fin des années 1950.

CHAPITRE 2

Premières tentatives d'implanter une industrie du cinéma de fiction

À l'origine, le cinéma québécois est surtout documentaire. Mis à part quelques films publicitaires, on ne s'aventure guère du côté de la fiction. En 1912, un film historique est cependant tourné dans la région de Kahnawake ; son titre : *Dollard des Ormeaux (The Battle of Long Sault)*. Considéré comme le premier film de fiction canadien, ce court métrage d'une trentaine de minutes est produit par un Américain, Frank Beresford, qui a réussi à convaincre des investisseurs anglophones de Montréal de financer son film. Le réalisateur (Frank Crane), les techniciens et les acteurs sont américains, alors que des Mohawks recrutés sur place servent de figurants. On ne peut donc pas vraiment parler d'un film québécois !

Soulignons qu'à cette époque les films tournés partout au Canada le sont surtout grâce à l'emploi massif de techniciens et d'acteurs américains. L'industrie cinématographique au nord de la frontière canado-américaine n'existe pas. Au Québec, l'Américain Frank Beresford produit deux autres films de ce type : *Wolfe or the Conquest of Quebec* (1914) et *The Man of Shame* (1915).

En 1918, Léo-Ernest Ouimet, pionnier de l'exploitation avec son Ouimetoscope, de la distribution et de la production avec les bandes d'actualités qu'il tourne à partir de 1907, entre dans la partie. Il signe trois courts films mêlant documentaire et fiction ; le premier porte sur l'entraînement d'un militaire *(The Call of Freedom),* le second intercale des interventions de pompiers prises sur le vif à l'intérieur d'une intrigue policière *(Le Feu qui brûle)* ; et le troisième traite de la mortalité infantile *(Sauvons nos bébés).* Ouimet se rend cependant vite compte de l'impossibilité de concurrencer les Américains sur le terrain du film de fiction. Les Québécois sont désavantagés par des moyens trop limités et un marché local trop petit, d'autant plus que l'alléchant marché de leurs voisins du Sud est impossible à pénétrer. Pour cette raison, le seul long métrage de fiction produit par Ouimet sera réalisé aux États-Unis : c'est *Why Get Married ?* (1923), de Paul Cazeneuve, un burlesque sans prétention, qui attire de bonnes foules au Québec mais laisse froid le public américain. Sans le savoir, Ouimet venait d'ouvrir le débat sur la viabilité du cinéma québécois. Près de 75 ans plus tard, ce débat n'a toujours pas donné de conclusion.

Le précurseur : Joseph-Arthur Homier

Montréal, juin 1922. Joseph-Arthur Homier, photographe professionnel et dramaturge renommé, lance son premier film : *Oh ! Oh ! Jean,* un burlesque simpliste dans lequel un domestique courtise une veuve. Ce moyen métrage constitue le premier véritable film de fiction québécois. Le public s'amuse ferme et, encouragé par son succès, Homier recommence. En 1922, il présente son premier long métrage, un film historique intitulé *Madeleine de Verchères.* Le film suscite un certain intérêt mais ne rapporte pas les profits escomptés. Malgré les difficultés financières de son entreprise, Homier ne se décourage pas et achève un autre long métrage en janvier 1924 : *La Drogue fatale,* l'histoire d'une bande de drogués et de trafiquants qui essaient de faire chanter un chef de police. Le film est projeté pendant quelques mois au Québec, mais sa distribution ne franchit pas les frontières.

Victime de l'étroitesse d'un marché qui, de surcroît, est contrôlé par des intérêts américains, Homier n'arrive pas à mener à terme ses projets suivants. La carrière cinématographique du premier véritable réalisateur de fiction québécois est terminée. Il n'a pourtant que 49 ans.

Au cours des années qui suivent, l'exemple donné par Homier suscite la réalisation de quelques films. Ainsi, à l'automne de 1923, on lance *La Primeur volée,* de Jean Arsin, un suspense tourné à la suite d'un concours de scénarios organisé par le journal *La Presse.* La participation financière de grosses entreprises semble d'ailleurs être la meilleure façon de mener un projet à terme. Arsin réalise *Frontenac* (1924), financé par la brasserie homonyme, et signe un autre film à la suite d'un concours de *La Presse* : *Diligamus vos (Aimez-vous)* (1925). Ces quelques films ne parviennent cependant pas à faire naître une véritable industrie du cinéma de fiction. Dans les salons et dans les pages des journaux, il est question de nombreux projets cinématographiques, mais la plupart d'entre eux sont le fruit d'arnaqueurs profitant de l'enthousiasme et de la crédulité des investisseurs locaux. On trouve ainsi, au Québec, plusieurs sociétés de production qui ne généreront jamais le moindre bout de pellicule.

En 1942, un premier long métrage de fiction sonore voit le jour au Québec. C'est *La Croisée des chemins,* de Jean-Marie Poitevin, curieux assemblage d'images documentaires tournées en Chine, d'extraits d'une pièce de théâtre et de séquences de fiction chargées de faire le lien et de donner un sens au récit. Racontant les hésitations d'un jeune homme tiraillé entre l'amour et la vocation, ce film amateur, réalisé à l'occasion du tricentenaire de Montréal, vise à recruter des missionnaires. Il est largement diffusé mais ne donne lieu à aucune suite.

Renaissance Films

Après les premières réalisations du début de la décennie 1920, le cinéma de fiction québécois demeure au point mort pendant plus de 10 ans. À cette époque, le cinéma parlant, cette innovation technique apparue aux États-Unis à la fin de 1926, mobilise toute l'attention et fascine les spectateurs. Mais avec le parlant s'élève la barrière de la langue : les spectateurs francophones ne peuvent plus goûter le cinéma américain de la même façon. Le marché est donc considérablement modifié pour faire place aux « films parlant français ».

Quelques films américains sont doublés par les *majors,* mais ils ne suffisent pas à satisfaire la demande. Des distributeurs québécois commencent alors à concurrencer les Américains en important des films français, le plus célèbre de ces distributeurs, Joseph-Alexandre DeSève, prend la direction de la société France Film en 1934. Homme d'affaires habile et énergique, DeSève lutte contre l'impérialisme américain et, de ce fait, jouit de l'appui du clergé, des intellectuels nationalistes et d'une bonne partie du pouvoir politique. Il présente sa société comme le chien de garde de la langue française et de la foi catholique ; en résumé, de la « race » québécoise.

En 1939, DeSève investit dans la première coproduction associant la France et le Québec. *Notre-Dame de la Mouïse,* l'histoire de l'un des premiers prêtres-ouvriers de Paris, que coréalisent les Français Robert Péguy et René Delacroix, est donc tourné grâce à des capitaux québécois, même si aucun acteur ni aucun technicien québécois n'y sont employés. Cette année-là, la guerre éclate en Europe, posant des problèmes d'approvisionnement à DeSève. Rêvant de la stabilité que lui procurerait une production locale, le distributeur s'allie, en 1945, à la société Renaissance Films.

Fondée l'année précédente par Charles Philipp, un Français d'origine russe, cette société veut faire de Montréal un centre de production francophone. Un premier film, *Le Père Chopin,* est déjà terminé lorsque DeSève se joint à Philipp et aux autres administrateurs. Premier long métrage de fiction professionnel et parlant réalisé au Québec, *Le Père Chopin* est un conte moral déguisé en comédie gentillette où s'opposent ville et campagne, argent et amour, autorité et tolérance. Son réalisateur, Fédor Ozep, un Russe, a déjà roulé sa bosse à travers l'Europe.

Le succès commercial du *Père Chopin* excite les aspirations des dirigeants de Renaissance Films : on veut construire des studios pour faire de la société le fer de lance du cinéma catholique. En 1947, on aménage un studio dans une ancienne caserne de Côte-des-Neiges. Les projets sont nombreux, mais seulement trois d'entre eux se concrétisent : *Le Gros Bill* (René Delacroix, 1949), *Docteur Louise* (une coproduction réalisée en France par René Delacroix et Paul Vanderberghe, 1949) et *Les Lumières de ma ville* (Jean-Yves Bigras,

1950). La piètre qualité de ces trois films, alliée à l'ambition démesurée de certains actionnaires de la société, précipite Renaissance Films au fond du gouffre. En 1951, malgré une tentative de restructuration, l'entreprise est mise en faillite.

DeSève, en financier aguerri, manœuvre pour acheter à bas prix les droits d'exploitation des films déjà produits ainsi que le studio de Renaissance Films. Les films les plus significatifs des années suivantes seront tournés dans ce studio : *La Petite Aurore l'enfant martyre* (Jean-Yves Bigras, 1951) et *Tit-Coq* (René Delacroix et Gratien Gélinas, 1952), que nous étudierons plus loin.

Québec Productions

En 1946, Paul L'Anglais, avocat et homme de radio bien connu, fonde Québec Productions. Il veut profiter du bilinguisme canadien pour collaborer avec la France, les États-Unis et l'Angleterre et faire ainsi du Québec un important centre de production cinématographique et télévisuel. Son premier projet est ambitieux : *Whispering City/La Forteresse* (1947) est tourné simultanément en versions anglaise et française, avec des acteurs différents pour chaque version, mais en faisant appel à la même équipe technique. Le scénario de ce drame policier est écrit par deux Américains et traduit par Henri Letondal. Le budget du film s'élève à 750 000 $, soit près de quatre fois celui du *Père Chopin,* produit deux ans auparavant.

Fédor Ozep, qui avait signé *Le Père Chopin,* se voit confier la réalisation de cette importante production ; il est l'une des seules personnes, au Québec, qui soit alors en mesure de diriger un long métrage. Le tournage de *Whispering City/La Forteresse* dure 71 jours, dans le Vieux-Québec, à la chute Montmorency et dans un studio aménagé à l'intérieur d'une ancienne caserne de la marine, à Saint-Hyacinthe. L'Anglais vise le marché international, mais, au moment de la sortie du film, la dure réalité le force à admettre que l'avenir du cinéma québécois se situe davantage du côté du marché local. En effet, si *La Forteresse* attire plus de 100 000 spectateurs en six semaines à Montréal et que son succès se confirme partout au Québec, il n'en va pas de même pour *Whispering City,* qui connaît une carrière modeste aux États-Unis et au Canada anglais. À Paris, le film est aussi fraîchement accueilli et tient l'affiche trois semaines.

Décrivant *La Forteresse,* le correspondant à Montréal de *L'Écran français* aura ce bon mot : « Ce film canadien qui parle français mais pense américain ». En effet, difficile de trouver plus hollywoodien que cette histoire d'avocat véreux qui, pour se protéger, tente de pousser un jeune musicien à assassiner une journaliste trop curieuse. Clairvoyante, Solange Chaput-Rolland conclura sa critique du film en ces termes : « Il faudrait, toutefois, pour que notre cinéma connaisse un rayonnement important, qu'il fixe ses normes hors des données d'Hollywood, de Paris ou de Londres pour puiser à même sa propre inspiration son apport de beauté dans la marche de l'art cinématographique[1]. » L'histoire lui donnera raison, comme nous le verrons au chapitre 5.

Tirant de cette première aventure les leçons qui s'imposent, L'Anglais profite de sa connaissance de la radio et se consacre à l'adaptation d'un radioroman à succès : *Un homme et son péché* (1949). Paul Gury, un comédien d'origine française qui a aussi touché à la scénarisation et à l'écriture radiophonique, réalise ce film qui relate la vie des premiers colons au nord de Montréal, à la fin du xixᵉ siècle. Les principaux personnages d'*Un homme et son péché* marquent profondément l'imaginaire populaire : Alexis représente l'archétype de l'homme québécois, au grand cœur et attaché aux valeurs catholiques, mais faible parce que tenté par la bouteille ; Séraphin incarne l'hypocrisie et la corruption liées à l'amour de l'argent ; tandis que Donalda est le modèle de la femme soumise, se sacrifiant à son devoir et sanctifiant sa misère.

Comme c'était à prévoir, *Un homme et son péché* remporte un vif succès. Québec Productions poursuit donc sur cette voie. On tourne successivement l'adaptation d'un autre radioroman (*Le Curé de village,* Paul Gury, 1949) et une suite

---

1. Solange Chaput-Rolland, « Le cinéma : art social », *L'Écho du Nord,* 19 septembre 1947.

à *Un homme et son péché* (*Séraphin,* Paul Gury, 1950). L'exploitation de ces films sur le marché local est rentable, et L'Anglais, qui n'a pas abandonné ses ambitions, rêve encore de marchés étrangers. Il met donc sur pied une coproduction avec la France (*Son copain,* Jean Devaivre, 1950). Malheureusement, l'échec de ce film pousse L'Anglais à se retirer de la société. Québec Productions tente alors de se remettre en selle avec un film modeste, mais *Le Rossignol et les Cloches* (Jean-Yves Bigras, 1951) est raté sur tous les plans et la société cesse ses activités.

Les mélodrames du bonheur

J.-A. DeSève et Paul L'Anglais ne se sont pas laissé abattre par les déconfitures successives de Renaissance Films et de Québec Productions. Les deux hommes mijotent encore des projets ; ils sont, à cette époque, les véritables auteurs des films qu'ils produisent, les réalisateurs étant de simples exécutants. En fait, le véritable travail de création se situe davantage sur le plan financier (c'est là que toutes les décisions se prennent) que dans la mise en scène, puisque celle-ci est le plus souvent engoncée dans la théâtralité la plus convenue.

En 1951, DeSève fonde l'Alliance cinématographique canadienne pour produire *La Petite Aurore l'enfant martyre.* Il s'agit de l'adaptation d'une pièce à succès, elle-même inspirée d'un fait réel : le 12 février 1920, Aurore Gagnon, âgée de 10 ans, est morte à la suite des sévices que lui a infligés la deuxième femme de son père. La réalisation du film est confiée à Jean-Yves Bigras ; contrairement à Gury, à Delacroix et à Ozep, les réalisateurs les plus demandés au cours des années précédentes, Bigras n'est pas européen. Né à Ottawa (1919) dans une famille active dans le milieu du théâtre, ce jeune homme a fait ses classes à l'ONF avant de passer à Renaissance Films et à Québec Productions.

Il entreprend *La Petite Aurore l'enfant martyre* avec un budget s'élevant à 59 000 $, soit environ la moitié de ce qu'ont coûté des films comme *Un homme et son péché, Le Curé de village* et *Séraphin.* Le tournage ne dure que trois semaines. Dès sa sortie, le 25 avril 1952, le film remporte un succès énorme. En janvier 1953, les recettes ont dépassé les 100 000 $. Les spectateurs sortent troublés de la projection de ce film ; en fait, il suscite de telles réactions dans la salle que Roland Côté écrit, dans *Le Canada*[2], que « cet à-côté du spectacle est de beaucoup plus intéressant que celui qui se déroule sur l'écran ». Le succès de *La Petite Aurore l'enfant martyre* sera confirmé par la suite, car le film reprendra l'affiche plusieurs fois dans les années suivantes ; il sera même projeté pendant six semaines en 1974, dans une grande salle de Montréal.

Avec le recul, on peut voir, dans *La Petite Aurore l'enfant martyre,* le film emblématique de cette période de l'histoire du Québec. Comme Donalda, Aurore incarne la vertu dans la souffrance ; son martyre, elle l'accepte dans le silence et la certitude de retrouver sa mère au ciel. Le climat de sadomasochisme et de répression sexuelle dans lequel le film baigne en dit long sur l'époque : on y reconnaît une culture profondément marquée par la religion, une mentalité fondée sur la culpabilité, le fatalisme et, surtout, l'espérance d'un au-delà céleste qui justifie toutes les humiliations terrestres. Le personnage du père d'Aurore — passif, absent et inconscient — annonce la place qu'occupera le père, maillon faible de la famille, dans toute une série de films québécois (*Les Brûlés,* Bernard Devlin, 1958 ; *Les Beaux Souvenirs,* Francis Mankiewicz, 1981 ; *Les Plouffe,* Gilles Carle, 1981 ; *Les Portes tournantes,* Francis Mankiewicz, 1988, etc.).

En 1947, au moment où il travaillait à *Un homme et son péché,* Paul L'Anglais avait approché Gratien Gélinas pour qu'il transpose à l'écran son personnage de Fridolin. Depuis plusieurs années déjà, Gélinas remportait beaucoup de succès au théâtre avec ses *Fridolinades,* spectacles composés de sketches comiques. Acceptant l'offre, Gélinas livrera à L'Anglais un texte original, mais le projet de film ne se concrétisera pas. L'auteur en a donc tiré une pièce de théâtre intitulée *Tit-Coq.*

---

2. Roland Côté, « Amusantes réactions de la foule à la vue du film *La Petite Aurore* », *Le Canada,* 28 avril 1952.

En quittant Québec Productions (1950), L'Anglais gardait en tête l'idée d'adapter *Tit-Coq*. En 1952, avec l'appui financier de J.-A. DeSève et l'accord de Gélinas, il réussit à faire démarrer la production du film.

René Delacroix, qui a manifesté son intérêt pour la pièce en 1949, vient en aide à Gélinas pour la réalisation cinématographique de *Tit-Coq*. Lancé en février 1953, ce mélodrame racontant les amours malheureuses d'un jeune bâtard engagé dans l'armée obtient un franc succès. Pour une fois, la critique est d'accord avec le public. « Le cinéma canadien sort des cavernes », écrit René Lévesque[3]. Davantage que son filmage sans prétention, ce sont la qualité de l'interprétation et la justesse des dialogues qui élèvent *Tit-Coq* au-dessus de la masse des films québécois.

Les années suivantes consacrent la fin de l'aventure du long métrage amorcée au milieu des années 1940. *Cœur de maman* (René Delacroix, 1953) et *L'Esprit du mal* (Jean-Yves Bigras, 1954), deux mélodrames de piètre qualité, achèvent d'épuiser le filon constitué par les radioromans.

En 1951 déjà, la disparition de Renaissance Films et de Québec Productions avait bien montré la précarité du cinéma de fiction québécois. La petite mort du cinéma québécois était donc prévisible : sans aide économique de l'État et soumises aux seules lois du marché, les sociétés de production voient rapidement leur rêve tourner au cauchemar, le moindre échec anéantit leurs succès passés et les grandes ambitions débouchent sur de cinglants revers. Trois décennies après *Why Get Married ?*, l'histoire semble encore donner raison à Léo-Ernest Ouimet d'avoir douté de la possibilité de faire du cinéma de fiction québécois.

---

3. René Lévesque, « Avec *Tit-Coq*, le cinéma canadien sort des cavernes », *L'Autorité*, 28 février 1953.

CHAPITRE 3

La production d'État : l'ONF et les autres

Il a fallu beaucoup de temps aux gouvernements avant qu'ils ne commencent à soutenir l'industrie privée du cinéma. Cependant, ils ne restaient pas complètement imperméables au septième art ; peu de temps après l'apparition du cinéma au pays, des organismes sont créés pour permettre la production de films répondant aux besoins des gouvernements. Le plus connu est l'Office national du film du Canada (mieux connu sous le sigle d'ONF), actif depuis 1939. Avant la création de l'ONF, trois organismes fédéraux consacrés à la production de films s'étaient succédé. À l'échelon provincial, quatre organismes se sont relayés depuis 1941.

Origines de l'ONF

C'est en 1916 que le gouvernement fédéral s'engage pour la première fois dans la production cinématographique. La guerre sévit en Europe depuis 1914 et les Canadiens, aux côtés des Britanniques, participent aux hostilités. Le gouvernement crée donc le War Office Cinematographic Committee, dont le but principal est d'offrir coordination et appui à ceux qui désirent filmer la participation canadienne à la Grande Guerre.

En 1918, quelques mois avant la fin de la guerre, est créé l'Exhibits and Publicity Bureau, chargé de faire valoir auprès des étrangers les possibilités commerciales du Canada. Le ministère du Commerce et de l'Industrie soutient cet organisme, dont certaines productions servent à promouvoir l'immigration britannique.

L'Exhibits and Publicity Bureau change de nom et de mission en 1923 : il devient le Canadian Government Motion Picture Bureau, toujours rattaché au ministère du Commerce et de l'Industrie, mais avec un mandat l'obligeant désormais à répondre aux commandes des autres ministères. On y tourne donc des films touristiques, des documentaires sur l'agriculture, des actualités, etc. L'organisme offre aussi aux sociétés de production américaines de les assister au cours des tournages effectués au pays. On espère ainsi transformer l'image du Canada et de ses habitants, souvent peu flatteuse, que donne Hollywood dans ses productions.

Le Canadian Government Motion Picture Bureau obtient un certain succès au cours de ses premières années d'exploitation. Le documentaire canadien a alors bonne réputation. Mais, avec l'arrivée du cinéma parlant à la fin de la décennie 1920, la situation commence à se détériorer. On a du mal à s'adapter aux nouvelles possibilités offertes par cette technologie, et de nombreuses critiques s'élèvent ; certaines productions du Bureau sont taxées de propagande mensongère, on dénonce le manque de professionnalisme qui y sévit, tout en déplorant l'absence de leadership au sein de l'organisme. Plusieurs ministères préfèrent produire des films sans faire appel à lui. La situation est si grave qu'en mai 1938 le gouvernement commande un rapport d'étude à l'Écossais John Grierson, qui a été le directeur de l'important General Post Office Film Unit de Londres, de 1934 à 1937.

Cinéaste renommé, Grierson a été le premier à utiliser le terme « documentaire », à propos de *Moana,* de Robert Flaherty (1926). En 1929, il a réalisé *Drifters,* un documentaire sur la pêche aux harengs dans la mer du Nord, qui a eu une grande influence sur le développement du cinéma social britannique. Par la suite, convaincu que l'Empire Marketing Board, pour lequel il travaillait, avait davantage besoin d'un producteur que d'un cinéaste, il a réorienté sa carrière.

Durant son séjour au Canada, il ne met qu'un mois à rédiger son « Rapport sur les activités cinématographiques du gouvernement canadien ». À la suite de la publication de ce rapport, l'Office national du film du Canada (National Film Board of Canada) est créé (1939). Grierson devient le premier commissaire de cet organisme qu'on installe à Ottawa.

La Loi nationale sur le cinématographe, qui crée l'ONF, lui assigne le mandat d'aider « les Canadiens de toutes les parties du Canada à comprendre les façons de vivre et les problèmes des Canadiens des autres parties » et charge l'organisme de la « distribution des films du gouvernement canadien dans les autres pays ».

Pendant la Deuxième Guerre mondiale, la production de l'ONF est en grande partie consacrée au soutien donné à la participation militaire canadienne. Plus tard, l'ONF devient un moyen pour le gouvernement fédéral de s'ingérer doucement dans le domaine de l'éducation, car, même si celui-ci est, selon la Constitution canadienne, du ressort des provinces, la grande majorité de la production de l'ONF remplit une fonction pédagogique. Les provinces, cependant, ne s'en plaignent pas, surtout parce qu'elles n'ont pas les moyens de mettre sur pied un tel service. En fait, seul le premier ministre québécois Maurice Duplessis mène, à partir de 1946, une lutte contre l'ONF, qu'il tient pour « un vrai nid de communistes ». Le « Chef », qui voyait aussi dans les films de l'Office un outil de centralisation fédérale dangereux, ne réussit cependant pas à limiter de façon sensible leur diffusion.

Les francophones à l'ONF

Dès les premières années de l'ONF, le problème francophone se pose. L'historien Pierre Véronneau souligne que le rapport Grierson se distingue « par l'absence totale (à l'intérieur du texte) du Québec comme entité et comme réalité constitutionnelle[1] ». En fait, Grierson considère que les films produits par l'ONF doivent servir l'ensemble de la population ; en conséquence, il ne juge pas nécessaire que soient réalisés des films en français. Selon lui, la version française des films

---

1. John Grierson, « Rapport sur les activités cinématographiques du gouvernement canadien », *Les Dossiers de la cinémathèque,* n° 1, 1978, p. 6.

tournés en anglais suffit à informer les Québécois. Grierson n'engage donc aucun francophone parmi le personnel de la production.

Amené à changer d'idée par les Canadiens français qui siègent au conseil d'administration de l'ONF, il revient sur ses positions lorsqu'il engage Vincent Paquette (décembre 1941). Ce dernier prend aussitôt la direction de la série « Actualités canadiennes ». Cette série, la première à être tournée en français, prend le nom de « Les reportages » en 1943. Elle constitue une sorte de magazine filmé que l'on diffuse dans les salles du réseau France Film. Lorsqu'on décide d'abandonner sa production (1946), ce magazine compte 118 épisodes et compose une véritable chronique cinématographique de l'histoire récente du Québec.

D'autres francophones rejoindront bientôt Vincent Paquette, et une première équipe française, le studio 10, est enfin constituée (1943). On y trouve une quinzaine d'employés; en 1945, cependant, des restrictions budgétaires imposent le démantèlement de l'équipe française et les cinéastes sont réaffectés à divers studios. Les Québécois traversent des temps difficiles. On réalise tout de même quelques films en français, bon an mal an. En 1952, Bernard Devlin, aidé de Jean Palardy, signe *L'Homme aux oiseaux,* une comédie de court métrage scénarisée par Roger Lemelin. Le film est précédé d'une importante controverse : la direction de l'ONF l'estime trop cher pour un film destiné uniquement aux francophones. Les mésaventures de *L'Homme aux oiseaux* illustrent bien le climat de mépris envers la culture québécoise qui règne alors à l'ONF. Pierre Véronneau affirme, avec justesse, qu'il « est d'ailleurs symptomatique de consulter pour ces années 1950-1952 la filmographie des réalisateurs francophones : nombre, et parfois la majorité de leurs films, sont en anglais, même chez ceux qui ont pourtant réalisé auparavant plusieurs films en français. Il n'est pas exagéré de dire que, en ce début des années 1950, les francophones sont à l'ONF en position d'assimilation[2] […]. »

2. Pierre Véronneau, *Histoire du cinéma,* t. III : *Résistance et Affirmation. La production francophone à l'ONF — 1939-1964,* Montréal, Cinémathèque québécoise, 1979, p. 22.

Devant cette situation, plusieurs francophones quittent l'ONF (1952). En novembre 1953, Roger Blais, un cinéaste entré à l'ONF en 1945 et devenu producteur depuis peu, fait parvenir au commissaire à la cinématographie une note dans laquelle il revendique la création d'une section francophone. Cette audace lui vaut une véritable persécution de la part des dirigeants de l'ONF.

La question de la situation du français à l'ONF devient centrale quand éclate, dans les pages du *Devoir*, « l'affaire ONF » (1957). On étale alors au grand jour les cas de discrimination et tous les malheurs des francophones. Le 26 février, le journaliste Pierre Vigeant fait remarquer que, sur 72 fonctionnaires et techniciens touchant un salaire annuel de plus de 7 000 $, six seulement sont des Canadiens français, dont deux qui ont reçu leur éducation en anglais. Dans *Le Devoir* du 18 mars, il précise son attaque en affirmant notamment que « la production totale de l'Office national du film au cours des quatre années qui vont de 1952 à 1956 s'est élevée à 1 109 films. La production des films français a été de 69. »

Les esprits se calment à la mi-avril lorsqu'un francophone, Guy Roberge, est nommé pour la première fois au poste de commissaire à la cinématographie. La lutte pour l'affirmation francophone n'est cependant pas terminée. Même si les effectifs augmentent, que la production en français prend de l'ampleur, que la série « Panoramique » permet la réalisation des premiers longs métrages de fiction (*Les Brûlés,* Bernard Devlin, 1958 ; *Les Mains nettes,* Claude Jutra, 1958 ; *Il était une guerre* et *Les 90 Jours,* Louis Portugais, 1958) et que le cinéma direct fait son apparition, il n'est toujours pas question d'une production française autonome.

Ce n'est qu'en novembre 1963 que le commissaire Roberge propose au gouvernement la création d'une nouvelle structure qui permettrait à l'ONF d'être plus représentatif de la réalité biculturelle canadienne. Roberge cède en cela aux pressions externes et internes, ainsi qu'aux élans nationalistes québécois qui accompagnent la Révolution tranquille, et il devance du même coup les critiques qui viendront de la Commission d'enquête sur le bilinguisme et le biculturalisme (commission Laurendeau-Dunton).

Le 1er janvier 1964, la production française entre en

service. L'ONF devient alors une sorte de structure bicéphale, avec d'un côté le programme anglais et de l'autre le programme français. Chacune des deux sections est autonome, administrant son budget et décidant de son fonctionnement en matière de production et de distribution. Pierre Juneau, le premier directeur du programme français, adopte un mode de fonctionnement classique, s'entourant de quatre producteurs délégués.

La création d'une production française autonome n'empêchera cependant pas plusieurs jeunes cinéastes de quitter l'ONF dans les années qui vont suivre. Plusieurs se sentent en effet attirés par une nouvelle voie prometteuse : le développement d'une industrie privée du cinéma au Québec. Gilles Carle et Arthur Lamothe, entre autres, abandonnent ainsi l'ONF.

Cette nouvelle structure a tout de même l'avantage de stabiliser la production francophone, à laquelle l'ONF consacre environ un tiers de ses crédits destinés à la production (plus précisément, 35,7 % pour les dernières années de la décennie 1980). Dans la tradition de l'organisme, la production française accorde beaucoup d'importance au documentaire de même qu'au cinéma d'animation. La fiction n'est cependant pas négligée, et le programme français de l'ONF sera le reflet des hauts et des bas du cinéma de fiction québécois à partir du milieu des années 1960. Il suffit d'énumérer quelques films qu'on y a produits pour s'en convaincre : *Le Chat dans le sac* (Gilles Groulx, 1964), *La Vie heureuse de Léopold Z.* (Gilles Carle, 1965), *Mon oncle Antoine* (Claude Jutra, 1971), *IXE-13* (Jacques Godbout, 1971), *Le Temps d'une chasse* (Francis Mankiewicz, 1972), *O.K. ... Laliberté* (Marcel Carrière, 1973), *Mourir à tue-tête* (Anne Claire Poirier, 1979), *Mario* (Jean Beaudin, 1984), etc.

Au cours de la décennie 1980, avec l'industrialisation du cinéma québécois et la hausse vertigineuse des budgets, l'ONF jouera un rôle majeur en coproduisant avec des producteurs privés de nombreux films de fiction, dont certains — *Le Déclin de l'empire américain*, *Jésus de Montréal* (Denys Arcand, 1986 et 1989), *Un zoo la nuit* (Jean-Claude Lauzon, 1987) et *Cruising Bar* (Robert Ménard, 1989) — remportent un vibrant succès commercial.

Dans la foulée des événements célébrant le 50ᵉ anniversaire de l'organisme, le début de la décennie 1990 est marqué par l'arrivée d'une nouvelle génération de cinéastes embauchés sur une base continue : Sylvie Groulx, Catherine Fol, Michel Murray, etc. La fête est toutefois de courte durée car d'importantes coupes budgétaires, survenues au milieu de la décennie 1990, accompagnent la publication de deux rapports défavorables à l'ONF.

En 1994, la décision de fermer les laboratoires de l'ONF menace la survie de l'important programme d'aide au cinéma indépendant (ACIC), ce qui suscite la mobilisation de plusieurs jeunes cinéastes. Cette crise est d'ailleurs à l'origine de la production d'un collectif intitulé *Un film de cinéastes* (1995), auquel participent notamment Olivier Asselin, Sylvain L'Espérance, Bachar Shbib et Catherine Martin. Le plan de restructuration « ONF 2000 », adopté à cette époque, amène judicieusement l'ONF à recentrer ses activités sur le documentaire et l'animation, en abandonnant la fiction à l'industrie privée.

L'indifférence du gouvernement fédéral envers l'organisme, les pressions externes ainsi que l'incapacité des dirigeants de l'ONF à procéder à son refinancement sont à l'origine de l'abolition des postes de réalisateurs permanents en 2003. Des restructurations amorcées en 2001 et terminées en 2005 enlèvent au programme français le contrôle sur la distribution et la mise en marché des films qui en sont issus. On remarque à la même période une augmentation considérable du nombre de coproductions avec l'industrie privée. La conséquence principale de cette évolution est la disparition progressive d'une certaine idée de la production publique s'épanouissant à l'abri des pressions du marché télévisuel.

Avant le cinéma direct

Dans le développement du cinéma québécois, l'importance de l'ONF est telle que l'on peut affirmer que rares sont les cinéastes majeurs qui n'y ont pas séjourné, à titre d'employés à plein temps ou de pigistes. De Pierre Perrault à Gilles Carle, de Denys Arcand à Jean Pierre Lefebvre, de Claude

Jutra à André Forcier, de Gilles Groulx à Jacques Leduc, tous ont travaillé à l'ONF, certains pendant quelques années, d'autres toute leur carrière. Voilà pourquoi l'histoire de l'ONF — particulièrement à partir de l'avènement du cinéma direct, en 1958 — se confond avec celle du cinéma québécois.

Parmi les cinéastes qui ont œuvré à l'ONF avant 1960, certains ont eu une influence déterminante. Signalons d'abord Bernard Devlin, dont la carrière s'étend de 1946 à 1977. Son film le plus connu, *Les Brûlés* (1958), reprend le thème de la colonisation en Abitibi, déjà abordé par l'abbé Proulx dans *En pays neufs* (1934-1937) ainsi que par Devlin lui-même et Raymond Garceau dans un court métrage intitulé *L'Abatis* (1952). Dans un style réaliste, *Les Brûlés* rend hommage aux colons ainsi qu'aux agents du gouvernement et du clergé qui ont rendu possible la folle entreprise de la colonisation. Ce long métrage accompli témoigne d'un véritable talent pour la direction d'acteurs et la conduite du récit, talent que confirment d'autres réalisations du cinéaste (*Alfred J.,* 1956, deux c.m. ; *L'Héritage,* 1960, m.m. ; *Dubois et fils,* 1961, m.m.).

Dans la même série que *Les Brûlés* (« Panoramique »), Louis Portugais réalise deux longs métrages : *Il était une guerre* et *Les 90 Jours* (1958). Dans ces films — l'un exposant le point de vue des Québécois sur la Deuxième Guerre mondiale, l'autre montrant une dure grève —, Portugais se démarque de l'idéologie duplessiste et livre deux beaux exemples de fiction socialement engagée. Même si, comme la plupart des cinéastes de cette époque, il réalise de nombreux films de commande dans lesquels il ne peut exprimer sa personnalité, son travail dénote une conscience sociale aiguë et une véritable lucidité politique.

Toujours dans les années 1950, Raymond Garceau devient le champion des sujets liés à l'agriculture. Son œuvre abondante, en majeure partie documentaire, comprend aussi trois longs métrages de fiction (*Le Grand Rock,* 1967 ; *Vive la France,* 1969 ; *Et du fils,* 1971). Son travail est avant tout celui d'un humaniste, observateur attentif et analyste lucide des questions liées à la terre, comme en témoignera son dernier film, *Québec à vendre* (1977, m.m.).

L'œuvre de Jean Palardy, abondante et très diversifiée, fait une grande place au thème du coopératisme, très en vogue à l'ONF avant 1960. Mentionnons, à titre d'exemples, deux documentaires de moyen métrage : *Les Caisses populaires Desjardins* (1945) et *The Rising Tide/La Marée montante* (1949). Palardy s'intéresse aussi à la connaissance et à la pré-servation du patrimoine québécois (*Peintres populaires de Charlevoix*, 1946, c.m. ; *Artisans du fer*, 1951, c.m. ; etc.). Si Raymond Garceau est pour une bonne part responsable de l'image agricole que l'on accole aux films de l'ONF datant d'avant le direct, Palardy contribue de façon semblable au caractère folklorisant de la production de l'Office.

Ces quatre cinéastes, tout comme Vincent Paquette, Roger Blais, Victor Jobin, Pierre Petel et quelques autres, sont les véritables pionniers de la production francophone à l'ONF. Ils ont, dans la foulée de John Grierson, contribué à imposer une conception du documentaire axée sur une approche à la fois sociale et didactique. Prolongeant cette expérience, cer-tains d'entre eux (surtout Devlin et Portugais) ont produit un cinéma de fiction inspiré du documentaire, sur les plans tant de l'esthétique que du propos. À la fin de la décennie 1950, en réaction à cette conception du cinéma, le cinéma direct fait son apparition.

Pendant ce temps, à Québec…

Peu après 1920, un fonctionnaire du ministère de l'Agri-culture du Québec, Joseph Morin, commence à se servir du cinéma à des fins didactiques. Rapidement, il constate la nécessité de produire des films adaptés à la réalité agricole québécoise. Le cinéma se développe donc au sein du minis-tère de l'Agriculture au cours de la décennie 1930. Parallèle-ment, d'autres ministères commencent à faire usage du cinéma et commandent des films à des producteurs privés.

Les besoins sont tels que, le 5 juin 1941, le gouvernement québécois crée le Service de ciné-photographie (SCP) et place à sa tête Joseph Morin. Remplissant surtout la fonction de cinémathèque centrale, le SCP confie la production de films à des pigistes comme Maurice Proulx et Albert Tessier. Beau-coup plus modeste que l'ONF, l'organisme prend tout de même de l'expansion au cours des années 1950 ; sa production, essentiellement documentaire, est tournée vers la promotion du tourisme, l'éducation populaire et la propagande gouvernementale.

En 1961, le SCP devient l'Office du film du Québec (OFQ). Dans les années qui suivent, sa production se diversifie ; on s'intéresse désormais à la culture et à l'actualité. De sa création jusqu'en 1975, année où il est remplacé par la Direction générale du cinéma et de l'audiovisuel (DGCA), l'OFQ supervise la réalisation de plus de 500 films, dont neuf longs métrages (parmi lesquels on compte *Le Dossier Nelligan,* de Claude Fournier, très controversé lors de sa sortie en 1968, parce qu'il présente la vie et l'œuvre du poète sous la forme d'un procès). On doit aussi à l'OFQ la production du célèbre documentaire de Jean-Claude Labrecque intitulé *La Visite du général de Gaulle au Québec* (1967, c.m.).

Le remplacement de l'OFQ par la DGCA s'effectue dans le but de clarifier le rôle qu'on entend donner à la production cinématographique gouvernementale au Québec. Cependant, ce réaménagement ne produit pas l'effet escompté et l'organisme, lourdement bureaucratisé, perd de sa crédibilité auprès des ministères. Ainsi, le ministère de l'Éducation, par exemple, court-circuite la DGCA en créant sa propre unité de production, la Direction générale des moyens d'enseignement (DGME). Finalement, la DGCA est remplacée (1981) par la Direction générale des moyens de communication. L'organisme demeure cependant discret, incapable de retrouver l'envergure qu'avait l'OFQ. Il semble désormais que le cinéma gouvernemental soit chose du passé au Québec, les productions de la Direction générale des moyens de communication pouvant être considérées comme quantité négligeable.

CHAPITRE 4

Le cinéma direct, une révolution du documentaire

Que signifie le terme « cinéma direct » ? À cette question, Gilles Marsolais, auteur de *L'Aventure du cinéma direct revisitée,* répond :

> Comme son nom l'indique, il désigne donc ce nouveau type de cinéma (documentaire, à l'origine) qui, au moyen d'un matériel de prise de vues et de son synchrone (alors de format 16mm), autonome, silencieux, léger, totalement mobile et aisément maniable, tente de cerner « sur le terrain » la parole et le geste de l'homme en action, placé dans un contexte naturel, ainsi que l'événement au moment même où il se produit. Il s'agit d'un cinéma qui tente de coller le plus possible aux situations observées, allant même jusqu'à y participer, et de restituer honnêtement à l'écran « la réalité » des gens et des phénomènes ainsi approchés. Compte tenu des médiations et des filtres qui interviennent à toutes les étapes de l'élaboration d'un film (personnalité du cinéaste, choix des angles et des objectifs de prise de vues, traitement au montage, etc.), il va de soi que le résultat final à l'écran est fonction des prétentions esthétiques du cinéaste et ultimement de son éthique[1].

---

1. Gilles Marsolais, *L'Aventure du cinéma direct revisitée,* Montréal, Les 400 coups, 1997, p. 12.

Comme le précise encore G. Marsolais, le terme « cinéma direct » renvoie à la fois à une attitude et à des techniques ; il se rapporte à un cinéma qui s'inscrit en faux par rapport à la conception classique du documentaire.

Avant la fin des années 1950, c'est-à-dire avant l'apparition du direct, la plus large part de la production documentaire mondiale reposait sur une conception très figée de ce type de cinéma. Comme la fiction, le documentaire était largement scénarisé ; le cinéaste avait préalablement établi la structure de son film et savait à l'avance ce qu'il allait filmer. Le montage était le plus souvent conditionné par une volonté didactique et, après l'avènement du cinéma parlant, un abondant commentaire venait appuyer les images et confirmer leur sens. Cette façon de faire du cinéma ainsi que le rapport avec le réel qu'elle induit (les films ainsi réalisés projetaient souvent une impression — fausse — d'objectivité et d'omniscience) seront bouleversés par l'apparition du cinéma direct.

Sur le plan technique, le cinéma direct devient possible grâce à la mise au point d'appareils de prise de vues et de prise de son à la fois légers et synchrones, ainsi qu'à l'arrivée sur le marché de pellicules plus sensibles. C'est précisément en 1958 qu'apparaît la première génération de magnétoscopes et de caméras 16 mm dotés d'un système de synchronisme.

Sur le plan de l'esthétique, il faut signaler que, déjà à l'époque du muet, deux précurseurs avaient ouvert de nouvelles voies : l'Américain Robert Flaherty et le Soviétique Dziga Vertov. Flaherty privilégiait une approche fondée sur une longue observation, voire une collaboration avec ses sujets, ainsi que sur un montage discret, voire transparent. De son côté, Vertov prônait la saisie de la vie à l'improviste, à l'insu du sujet filmé, et un montage éclaté, producteur de sens. Ces deux conceptions du documentaire, diamétralement opposées, vont baliser l'évolution de ce genre cinématographique. C'est de ces deux pionniers — et de quelques autres — que s'inspirent, à la fin de la décennie 1950, les cinéastes du direct.

L'avènement du cinéma direct s'effectue à peu près simultanément en plusieurs points du globe ; cependant, la France (avec Jean Rouch, Mario Ruspoli et Chris Marker), les États-Unis (avec D. A. Pennebaker et Richard Leacock) et le Québec comptent parmi les principaux foyers de création.

Historique

Au Québec, une série produite à l'ONF préfigure le direct : *Candid Eye* (1958-1960) compte cinq courts métrages auxquels participent, entre autres, Wolf Koenig (l'initiateur), Roman Kroitor, Terence Macartney-Filgate, Georges Dufaux et Michel Brault. Désireux de jeter un regard neuf sur le réel, ces cinéastes n'hésitent pas à recourir, pour cette série, à la caméra cachée ou, à tout le moins, à une caméra devenue discrète par l'emploi du téléobjectif. De même, certains films comme *The Days Before Christmas* (Terence Macartney-Filgate, 1958, c.m.) contiennent quelques plans audacieux filmés caméra à l'épaule. *Candid Eye* constitue, uniquement à ce chapitre, un jalon vers le cinéma direct, car la plupart des courts métrages de cette série conservent une structure classique reposant sur l'interview.

En fait, le véritable coup d'envoi du cinéma direct québécois est donné par un court film de 17 minutes, tourné pendant un week-end à Sherbrooke et monté de façon presque clandestine. Il s'agit de *Les Raquetteurs,* que coréalisent Michel Brault et Gilles Groulx (1958). Tourné dans l'esprit du direct mais sans l'équipement approprié (le son n'y est pas synchrone), *Les Raquetteurs* présente, de l'intérieur et en toute subjectivité, un congrès de raquetteurs. À la caméra, Michel Brault réagit contre l'emploi du téléobjectif (systématisé dans la série *Candid Eye*) et utilise des lentilles à grands angulaires, s'obligeant ainsi à se tenir parmi ceux qu'il filme, au beau milieu de l'action. Au son, Marcel Carrière capte l'ambiance, le bruit de la rue ; il risque même une tentative de prise de son synchrone quand il enregistre le discours de bienvenue du maire.

Ce film aura une incidence considérable sur une grande partie de l'équipe française de l'ONF. En plus de définir une nouvelle esthétique, en plus de préciser un nouveau rapport avec le réel, il laisse entrevoir la possibilité de réaliser librement des films, en se soustrayant à la rigidité et à la bureaucratie de l'organisme gouvernemental. Sa postérité sera donc abondante et importante.

Dans la même veine, plusieurs courts et moyens métrages de cinéma direct sont réalisés, à l'ONF, dans les années qui suivent. *La Lutte* (Michel Brault, Marcel Car-rière, Claude Fournier et Claude Jutra, 1961), *Golden Gloves* (Gilles Groulx, 1961), *À Saint-Henri le 5 septembre* (Hubert Aquin, 1962) et *Bûcherons de la Manouane* (Arthur Lamothe, 1962) constituent quelques moments forts de cette pro-duction.

En 1963, la réalisation de *Pour la suite du monde* (Michel Brault et Pierre Perrault) marque une autre étape dans l'évo-lution du cinéma direct. Premier film canadien en compétition au Festival de Cannes, *Pour la suite du monde* impose une écriture axée sur le filmage de la parole, une observation longue et attentive et le recours à la mise en situation. Pour fil-mer les habitants de l'île aux Coudres, les réalisateurs leur pro-posent de pêcher un marsouin selon les méthodes tradition-nelles, abandonnées depuis une quarantaine d'années. Cette pêche donne au film sa structure et permet d'illustrer de manière passionnante le passage d'un type de société à un autre.

Tandis que Perrault poursuit son œuvre singulière au milieu de la décennie 1960, plusieurs des pères du direct — notamment Groulx et Jutra — changent de cap et donnent naissance au *jeune cinéma québécois* de fiction. Cependant, le documentaire demeure un genre en vogue et, autour de 1968, les changements sociaux poussent tout naturelle-ment plusieurs cinéastes vers le film d'intervention sociale. *L'Acadie, L'Acadie ? ! ?* (1971), réalisé par Brault et Perrault à l'occasion d'un mouvement de contestation étudiant survenu à l'Université de Moncton, témoigne de cette nouvelle orien-tation. Des films comme *Saint-Jérôme* (Fernand Dansereau, 1968), *L'École des autres* (Michel Régnier, 1968) et *La P'tite Bourgogne* (Maurice Bulbulian, 1968, m.m.) préparent le ter-rain pour le programme Société nouvelle (1969-1979), dans le cadre duquel l'ONF produit des documents utilisés dans le but de susciter des discussions, plus particulièrement au sein des milieux défavorisés. Certains cinéastes vont même jusqu'à recourir à la participation des gens de la rue dans l'élaboration d'un film ou d'une bande vidéo.

Parmi les 56 films issus de Société nouvelle, signalons *Dans nos forêts* (Maurice Bulbulian, 1971), *Sur vivre* (Yves Dion, 1971, m.m.), *Le Bonhomme* (Pierre Maheu, 1972,

m.m.) et *Chez nous, c'est chez nous* (Marcel Carrière, 1972).
Outils de conscientisation, ces films repoussent les limites du direct par le rapport singulier qui s'établit entre le réalisateur et son sujet *(Le Bonhomme),* le regard qu'ils portent sur les démunis *(Sur vivre)* ou la rigueur de leur analyse socio-économique *(Dans nos forêts, Chez nous, c'est chez nous).* Après Société nouvelle, le documentaire engagé survivra à l'ONF dans des films comme *La Fiction nucléaire* (Jean Chabot, 1979), *Au chic resto pop* (Tahani Rached, 1990), *L'Erreur boréale* (Richard Desjardins et Robert Monderie, 1999) et *Bacon, le film* (Hugo Latulippe, 2001).

La pratique du cinéma direct s'étend aussi à l'extérieur de l'ONF, particulièrement avec la gigantesque *Chronique des Indiens du nord-est du Québec* (1974-1983) d'Arthur Lamothe. Dans cette série, le réalisateur donne la parole aux Amérindiens pour aborder quelques grandes questions concernant la nation montagnaise : la culture, la dépossession et la discrimination, ainsi que l'avenir. Cette œuvre monumentale, filmée sobrement et privilégiant le long plan-séquence, occupe une place à part dans l'histoire du cinéma québécois. L'éthique de Lamothe, reposant sur la longue fréquentation des Amérindiens, le refus de morceler leurs gestes et leurs discours, ainsi qu'un rapport de confiance absolu entre le cinéaste et le sujet filmé, illustre l'exemple à suivre pour plusieurs cinéastes placés dans une situation similaire.

D'autres films, réalisés par l'industrie privée, s'inscrivent dans la tendance sociale du cinéma direct. C'est le cas, entre autres, de *Comme des chiens en pacage* (Richard Desjardins et Robert Monderie, 1977, m.m.), film sur l'Abitibi qui conteste à la fois l'image idyllique que l'abbé Proulx (*En pays neufs,* 1934-1937) a donné de cette région et la vision pessimiste que présente Pierre Perrault dans son cycle abitibien (1975-1979) ; et d'*Une histoire de femmes* (Sophie Bissonnette, Martin Duckworth et Joyce Rock, 1980), regard attentif sur le rôle joué par les femmes pendant une grève de mineurs à Sudbury.

On s'en rend compte, le cinéma direct, né un peu avant 1960, se fait l'écho de l'éveil de la société québécoise. À l'image du peuple du Québec, le direct met en cause la notion de pays (par exemple : *Un pays sans bon sens,* Pierre

Perrault, 1970) et s'ouvre aux nouveaux enjeux sociaux et politiques. On peut ainsi avoir l'impression que s'est produite une radicalisation des cinéastes ; cependant, il s'agit d'une sorte d'illusion d'optique : en fait, le regard naïf et spontané qui caractérise *Les Raquetteurs* détonne autant dans le Québec de 1958 que l'analyse politique sans concession de *Québec : Duplessis et après...* (Denys Arcand, 1972) se démarque dans le Québec d'après la crise d'octobre 1970. Sur les plans tant de l'esthétique que du propos, l'évolution du cinéma n'est que le reflet de l'évolution sociale.

La parole filmée : Pierre Perrault

On a souvent fait de Pierre Perrault l'emblème du cinéma direct québécois. C'est oublier que le cinéma de Perrault affiche une telle singularité qu'il n'est aucunement représentatif du travail de l'ensemble des cinéastes. Héritier de Flaherty, Perrault est le poète des grands mythes québécois, dont il se fait le mémorialiste en même temps qu'il les remet en question. Son cinéma subordonne l'image à la parole, une parole suscitée par l'emploi systématique de la mise en situation (la pêche au marsouin dans *Pour la suite du monde*, 1963 ; les voyages en France dans *Le Règne du jour,* 1966 ; dans *C'était un Québécois en Bretagne, Madame !,* 1977, m.m. ; et dans *Les Voiles bas et en travers,* 1983, m.m., par exemple).

L'art de Perrault, dans ses meilleurs films (*Pour la suite du monde* ; *Le Règne du jour* ; *La Bête lumineuse,* 1982) comme dans ses essais moins convaincants, réside dans une dialectique rigoureuse qui lui permet d'exprimer, à travers la parole des autres, une vision du monde controversée mais toujours cohérente. Le montage, toujours complexe, promenant souvent le spectateur dans le temps et l'espace, joue un rôle essentiel dans l'expression de cette vision du monde. Pour Perrault, les questions liées à l'appartenance, à la survie, à la mémoire et à l'oubli, à la lente désagrégation des choses ainsi qu'au rapport entre nature et culture sont centrales et forment le point de départ d'une quête d'identité jamais assouvie.

L'œuvre de Pierre Perrault s'articule sur cinq grands cycles : les trois films portant sur l'île aux Coudres, les quatre sur l'Abitibi, les deux sur les Amérindiens, les deux sur les traces de Jacques Cartier et les deux sur le bœuf musqué. Parmi cet ensemble, la trilogie sur l'île aux Coudres illustre le mieux le talent du cinéaste, en bonne partie grâce au magnétisme des habitants de cette petite communauté et à la relation privilégiée qui s'établit entre eux et Perrault.

La Bête lumineuse, film dur et âpre, constitue un autre moment fort de son œuvre. Perrault y observe un groupe de chasseurs au sein duquel se trouve un poète, Stéphane Albert Boulais, qui agit en catalyseur. Dans ce long métrage, l'orignal tant convoité devient un animal mythique et la chasse au gros gibier se transforme en chasse à l'homme québécois ; c'est l'identité véritable de ce dernier que Perrault révèle à travers la chasse abordée comme rituel masculin.

Les deux derniers films de Perrault — *L'Oumigmag ou l'Objectif documentaire* (1993, c.m.) et *Cornouailles* (1994, m.m.) — marquent une rupture stylistique par rapport au reste de son œuvre. Les hommes en sont absents (seuls des bœufs musqués apparaissent à l'écran) et le cinéaste y prend directement la parole pour partager sa réflexion sur le geste même de filmer, retrouvant ainsi la verve de son œuvre littéraire.

On a beaucoup accusé Perrault de « fictionner » le cinéma direct par ses mises en situation fréquentes ; n'oublions pas que cette pratique remonte à Flaherty et que les gestes et la parole qu'elle provoque se situent indéniablement dans le champ du documentaire. Et si ce procédé a parfois semblé artificiel (dans *Les Voiles bas et en travers,* par exemple), cela ne peut pas suffire à le condamner. Pas plus, d'ailleurs, que les grandes réussites de Perrault n'obligent à y recourir essentiellement.

Le regard d'Arthur Lamothe

Contrairement à Perrault, Arthur Lamothe s'est laissé tenter par la fiction. Sans grand succès, il faut le dire, ses trois longs métrages de ce genre — *Poussière sur la ville* (1965),

Équinoxe (1986) et *Le Silence des fusils* (1996) — ne méritant pas de passer à l'histoire. Cependant, à titre de documentariste, Lamothe a su imposer une conception du cinéma entièrement soumise à une éthique stricte et à une honnêteté morale qui lui ont permis de filmer les Amérindiens comme personne d'autre (sauf, peut-être, Maurice Bulbulian), c'est-à-dire en évitant le piège de la mauvaise conscience blanche, le manichéisme et tout autre discours réducteur.

Ce regard franc et émouvant trouve son aboutissement dans *Mémoire battante* (1983), film complexe dans lequel Lamothe présente l'univers spirituel des Montagnais en complétant les images documentaires par l'illustration des écrits du père Lejeune et par des apparitions ponctuelles du cinéaste commentant son propre travail.

L'humanisme de Lamothe se fait sentir dès son premier film, *Bûcherons de la Manouane* (1962), remarquable moment de cinéma direct dans lequel il jette un regard sensible sur un camp de bûcherons et révèle avec doigté et lyrisme la solitude et l'exploitation dont souffrent les travailleurs forestiers. *Le mépris n'aura qu'un temps* (1969), commandité par la CSN, s'intéresse de nouveau aux travailleurs (dans le domaine de la construction), mais cette fois-ci sous la forme d'un film-outil destiné à susciter les débats. Lamothe y semble moins à l'aise, les impératifs du film militant ne correspondant ni à sa personnalité ni à son éthique cinématographique.

L'œuvre abondante d'Arthur Lamothe — qui comprend aussi une quarantaine de courts métrages, la plupart réalisés pour l'OFQ — est forcément inégale, mais elle constitue un phare essentiel dans l'évolution du cinéma direct québécois. C'est un exemple pour quiconque tourne sa caméra vers une culture autre.

Le direct vu par…

À une certaine époque, la pratique du cinéma direct s'est à ce point généralisée au Québec qu'il est difficile d'en rendre compte de façon exhaustive. Des cinéastes n'ont fait que passer, d'autres ont joué un rôle important avant de franchir le pas de la fiction, certains enfin y ont consacré l'essentiel de leur carrière. Parmi les principaux artisans du direct, six réalisateurs nous paraissent importants : Marcel Carrière, Bernard Gosselin, Georges Dufaux, Maurice Bulbulian, André Gladu et Fernand Bélanger.

Marcel Carrière participe, à titre de preneur de son, aux premières réalisations du cinéma direct. C'est à lui que Michel Brault et Gilles Groulx font appel pour assurer la prise de son des *Raquetteurs* (1958). Son travail, lors du tournage de *Pour la suite du monde,* confirme son importance : son apport créatif est tel que, pour *La Lutte* (1961), on lui accorde le statut de coréalisateur. Il est de ceux qui prouvent que le cinéma direct est aussi une nouvelle façon de concevoir le rôle et les possibilités du son au cinéma ; désormais, le son est partie prenante dans la captation du réel, son apport est aussi déterminant que celui de l'image. Passé à la réalisation, Carrière touche autant à la fiction (*O.K. … Laliberté,* 1973) qu'au cinéma direct. Deux de ses documentaires sont particulièrement remarquables : *Avec tambour et trompettes* (1967, c.m.), amusant reportage sur un congrès de zouaves pontificaux, et *Chez nous, c'est chez nous* (1973), où la fermeture de paroisses en Gaspésie lui permet de s'interroger sur la notion de déracinement.

Bernard Gosselin aborde le cinéma direct en qualité de caméraman *(Bûcherons de la Manouane).* De 1966 à 1980, il est d'ailleurs l'opérateur attitré de Pierre Perrault, coréalisant même quatre films avec lui (dont *Gens d'Abitibi,* 1980). Son travail de réalisateur se distingue par son attachement à la terre québécoise et à son passé ; pour cette raison, on l'a souvent considéré comme le continuateur du travail de Perrault. À l'intérieur d'une œuvre abondante, retenons trois films. D'abord, *César et son canot d'écorce* (1971, m.m.), où la construction d'un canot est l'occasion d'une rencontre privilégiée ; ensuite, *La Veillée des veillées* (1976), incursion habile et chaleureuse à l'intérieur d'une soirée de musique traditionnelle ; enfin, *L'Anticoste* (1986), documentaire extrêmement personnel qui épouse diverses formes (carnet de voyage, journal intime, etc.) pour faire le portrait de cette île majestueuse du Saint-Laurent.

Lui aussi caméraman, Georges Dufaux s'est fait connaître

par une série de constats sociaux percutants, dans lesquels la caméra se fait indiscrète tout en demeurant respectueuse. Qu'il s'agisse d'enquêter sur les services d'urgence d'un hôpital (*À votre santé,* 1973), sur le sort réservé aux personnes âgées (*Au bout de mon âge,* 1975 ; *Les Jardins d'hiver,* 1976) ou sur les enfants des polyvalentes (*Les Enfants des normes,* 1979), Dufaux fait preuve de la même attention, laisse parler les faits, refuse de juger. C'est un cinéma de captation du réel, proche de l'esprit initial du direct.

Plus militant, Maurice Bulbulian se fait connaître par une série de documentaires sociaux dans lesquels le cinéma direct sert d'outil de « science et conscience » (*Richesse des autres,* 1973 ; *Les Gars du tabac,* 1977, c.m. ; etc.). Ouvert sur le monde, il réalise aussi des documentaires comme *Salvador Allende : un témoignage* (1973, c.m.) et *Tierra y Libertad* (1978). Son regard sur la question autochtone marque cependant le sommet de son travail : *Debout sur leur terre* (1982), *Dancing Around the Table* (1988 et 1989, deux m.m.), *Salt Water People* (1992) et *Chroniques de Nitinaht* (1997). Documentariste rigoureux, Bulbulian allie une conscience sociale aiguë à une cinématographie d'une extrême sobriété.

Dans un tout autre registre, André Gladu, influencé par une mère pianiste et un père critique d'art, axe la plupart de ses films sur des sujets se rapportant soit à la musique, soit à la peinture. Il met sur pied l'imposante série *Le Son des Français d'Amérique* (1974-1980), pour laquelle il obtient la collaboration de Michel Brault à titre de caméraman et de coréalisateur. Dans cet esprit, il réalise aussi *Zarico* (1984, m.m.) et *Noah* (1985, c.m.), sur la musique des Noirs cajuns de la Louisiane, et *Liberty Street Blues* (1988), sur le jazz de La Nouvelle-Orléans. Son intérêt pour la peinture se manifeste par le biais de deux biographies d'artiste qui mêlent fiction et documentaire : *Marc-Aurèle Fortin (1888-1970)* (1983, m.m.) et *Pellan* (1986). Le regard passionné de Gladu est cousin de celui de Bernard Gosselin ; pour ces deux cinéastes, le cinéma est un moyen de conservation, une fabuleuse mémoire de ce que nous sommes et qui tend à disparaître. Rien d'étonnant à ce que Gladu se consacre ensuite à un long métrage sur l'histoire du cinéma québécois : *La Conquête du grand écran* (1996). Gladu entreprend ensuite la série *La Piste Amérique,* renouant avec ses premiers films en suivant la trace de la présence francophone en Amérique du Nord. *Tintamarre* (2004) porte ainsi sur les Acadiens tandis que *Marron* (2005) montre les Créoles du Sud des États-Unis.

Fernand Bélanger participe, plus particulièrement à partir de la réalisation de *De la tourbe et du restant* (1979), à la mise en cause du cinéma direct. Son travail, de facture très libre, refuse toute catégorisation et repose en bonne partie sur l'intégration de l'imaginaire au réel, le recours à la digression et le refus d'adhérer aux idées reçues. *L'Émotion dissonante* (1984) dédramatise l'usage de la drogue chez les jeunes.

Ces cinéastes aux approches diverses témoignent de quelques-unes des nombreuses avenues ouvertes par le cinéma direct. Car il est erroné de voir dans le cinéma direct un genre cinématographique homogène, sans surprise, arrimé à des structures rigides. Au contraire : en constante évolution, le cinéma direct s'est transformé au fil du temps et au gré des cinéastes qui s'y sont adonnés. Il a épousé diverses formes, s'est renouvelé, a subi de nombreuses mutations : d'abord cinéma de la captation du réel et de la participation à celui-ci, il est devenu le véhicule d'une exploration des frontières de l'éthique documentaire, ensuite une façon pour le cinéaste d'inscrire sa présence à l'intérieur du film, de parler de lui-même, puis encore une nouvelle manière d'aborder la fiction, etc. Et ce mouvement constant le garde toujours vivant — dans les œuvres de leurs successeurs — malgré les embûches.

CHAPITRE 5

L'effervescence des années 1960

L'apparition du cinéma direct, à la fin de la décennie 1950, préfigure d'autres grands changements dans le paysage cinématographique québécois. Ces changements surviennent peu après 1960, quand s'impose un jeune cinéma de fiction qui profite des acquis du direct, de la Révolution tranquille et de la conjoncture cinématographique mondiale.

Naissance des jeunes cinémas nationaux

Que se passe-t-il, un peu partout autour du globe, qui bouleverse à ce point le cinéma mondial ? Brièvement, disons qu'à la fin des années 1950 les cinéastes de la Nouvelle Vague française, s'inspirant des méthodes de tournage du néoréalisme italien de l'après-guerre, ouvrent la voie à toute une série de petites cinématographies nationales. S'insurgeant contre la sclérose du cinéma français de l'époque, les Truffaut, Godard, Chabrol et autres rejettent les règles de l'industrie et réalisent un cinéma sans moyens, en toute liberté. Au mépris d'une esthétique léchée et de scénarios réglés comme des montres suisses — et profitant des innovations techniques qui ont permis l'éclosion du cinéma direct —, ils prouvent qu'il est possible de faire du bon cinéma de fiction sans argent et sans grande expérience de tournage. Au début de la décennie 1960, leur exemple stimulant fait son chemin dans beaucoup de pays.

Parallèlement, la situation politique un peu partout autour du globe favorise l'éclosion de cinématographies nouvelles. La première moitié de la décennie 1960 marque la fin du colonialisme en Afrique ; de même, les idées de gauche progressent en Amérique latine, en Asie et en Europe de l'Ouest, pendant que le courant nationaliste se raffermit dans certains pays de l'Europe de l'Est et au Québec. Partout, on prend conscience de la nécessité de libérer le cinéma, de le soustraire aux formes et aux idéologies dominantes, d'offrir quelque chose qui diffère du cinéma industriel. En Tchécoslovaquie, en Allemagne de l'Ouest, au Sénégal, au Brésil, en Suisse, en Pologne, en Hongrie, en Algérie, à Cuba et dans de nombreux autres pays, c'est la grande époque des cinémas nationaux.

Naissance du jeune cinéma québécois

Le bouillonnement généré par l'arrivée du direct ne tarde pas à propulser quelques jeunes cinéastes vers la fiction. Ce transfert du documentaire à la fiction laissera des traces. Le critique Gilles Marsolais parlera ainsi de « pollinisation » de la fiction par le direct.

Le passage du documentaire à la fiction s'effectue en 1962, quand trois étudiants de l'Université de Montréal — Denis Héroux, Denys Arcand et Stéphane Venne — s'assurent la collaboration de professionnels de l'ONF pour réaliser *Seul ou avec d'autres,* un long métrage destiné à remplacer le traditionnel spectacle de fin d'année. Michel Brault (à la caméra), Marcel Carrière (au son), Bernard Gosselin et Gilles Groulx (tous deux au montage) participent à cette aventure singulière dont le résultat, pour sympathique qu'il soit, se limite à une illustration naïve de la vie étudiante.

Quelques mois plus tard, Claude Jutra, qui a déjà réalisé plusieurs courts métrages et un long métrage (*Les Mains nettes,* 1958), livre un long métrage très personnel, dont l'esprit est proche des premiers essais de Godard et de Truffaut. C'est *À tout prendre* (1963), récit largement autobiographique des relations amoureuses d'un jeune bourgeois avec une jeune Noire. Faisant grand usage des techniques du direct (caméra à l'épaule, décors et éclairages naturels, son syn-chrone) et refusant la syntaxe cinématographique tradition-nelle (nombreux faux raccords, utilisation audacieuse du son), le film respire la liberté et le plaisir de faire du cinéma. Un vrai film d'auteur, prélude à l'explosion des années suivantes.

À l'ONF, c'est à la suite de détournements de projet qu'apparaissent les deux longs métrages de fiction les plus importants. Avec le budget alloué pour un court métrage, Gilles Groulx tourne *Le Chat dans le sac* (1964), brillante des-cription de la prise de conscience d'un jeune Québécois sur fond de rupture sentimentale. Encore une fois, le recours à l'improvisation, la souplesse du filmage et la conception sonore audacieuse rendent évidente l'influence du direct. Avec sa structure éclatée et sa rythmique proche du jazz, *Le Chat dans le sac* annonce l'arrivée d'un Godard québécois. Comme Groulx, Gilles Carle tourne son premier long métrage, *La Vie heureuse de Léopold Z.* (1965), dans la quasi-clandestinité. Transformant un projet de documentaire sur le déneigement, Carle réalise une comédie pittoresque racon-tant la veille de Noël d'un déneigeur. Moins provocateur que les films de Jutra et de Groulx, *La Vie heureuse de Léopold Z.* n'en retient pas moins la leçon du direct.

Un autre grand film illustrant le passage du direct à la fic-tion est réalisé plus tard par Michel Brault : *Entre la mer et l'eau douce* (1967), pour lequel le cinéaste s'inspire de la vie du chansonnier Claude Gauthier, qui est aussi l'interprète principal du film. Jouant la carte de l'émotion (contrairement à Jutra et Groulx, plus intellectuels, et à Carle, plus humoris-tique), Brault maîtrise admirablement son récit et engage le jeune cinéma québécois dans une nouvelle direction.

Autour de ces quelques films s'installe un véritable climat d'effervescence qui place le cinéma québécois parmi les jeunes cinématographies les plus dynamiques de l'époque. Jean Pierre Lefebvre signe son premier long métrage en 1965 *(Le Révolutionnaire)* ; il en tournera au moins un par année jusqu'au début de la décennie 1970. En 1967, Jacques God-bout tourne *Kid Sentiment,* une histoire de drague entre ado-lescents qui constitue un autre exemple intéressant de l'inté-gration du direct dans la fiction. La même année, Jacques Leduc *(Nominingue... depuis qu'il existe)* et Anne Claire Poirier *(De mère en fille)* proposent des films hybrides où se mêlent documentaire et fiction. Toujours en 1967, l'anglophone Don Owen livre, avec *The Ernie Game,* une peinture juste et poétique de la jeunesse des années 1960.

Alors que, au cours de la décennie 1950, le cinéma québécois produisait tout au plus deux longs métrages par année et que, en 1962, *Seul ou avec d'autres* a été le seul long métrage réalisé, huit longs métrages verront le jour en 1964 et 13 en 1965. Une industrie commence à se développer : pour le meilleur (l'accroissement de la production) et pour le pire (l'assujettissement de la création au commerce).

Claude Jutra, de la sensibilité

En 1961, à l'occasion d'un projet qu'il élabore avec le Français Jean Rouch, *Niger, jeune république* (m.m.), Claude Jutra se rapproche du cinéma direct. Dans les mois qui suivent, il coréalise à l'ONF deux courts métrages — *La Lutte* (coréalisateurs : Michel Brault, Marcel Carrière et Claude Fournier, 1961, c.m.) et *Québec U.S.A. ou l'Invasion pacifique* (coréalisateur : Michel Brault, 1962, c.m.) — qui le placent au centre de cette grande aventure.

D'abord cinéaste de fiction, Jutra ne tarde pas à s'y replonger. *À tout prendre* et *Mon oncle Antoine* (1971), ses meilleurs films, marquent deux dates majeures dans l'histoire du cinéma québécois. Ils révèlent un cinéaste sensible, apte à associer la gravité et le rire et, de surcroît, habile directeur d'acteurs.

Dans *Mon oncle Antoine,* la souplesse du filmage et la justesse de ton des comédiens produisent de surprenants effets de réel. Se déroulant dans une petite ville minière durant les années 1940, l'histoire est centrée sur Benoît, un adolescent qui, aux environs de Noël, fait l'apprentissage de la sexualité et de la mort. Réconciliant le jeune cinéma d'auteur québécois avec son public, le film obtient huit Canadian Film Awards et, en 1984, est qualifié de meilleur film canadien de tous les temps par une centaine d'experts. Lors de son passage à la télévision (1973), le film obtient une fabuleuse cote d'écoute : 2,6 millions de spectateurs.

Après ce grand moment, la carrière de Jutra traverse maintes difficultés. L'adaptation de *Kamouraska* (1973), roman d'Anne Hébert, est amputée à la demande du coproducteur français. *Pour le meilleur et pour le pire* (1975), une comédie grinçante sur la vie de couple, reçoit un très mauvais accueil de la critique et du public. Ces revers et le climat morose dans lequel baigne alors l'industrie cinématographique québécoise incitent Jutra à aller travailler à Toronto et à Vancouver. Il y réalise plusieurs films, le plus souvent impersonnels, avant de revenir à Montréal pour tourner *La Dame en couleurs* (1984). Cette fiction portant sur un groupe d'orphelins internés dans un asile psychiatrique à l'époque duplessiste ne brille cependant pas de l'éclat de ses premiers longs métrages.

Claude Jutra occupe dans la cinématographie québécoise la place d'un auteur passionné, incarnant l'amour du cinéma, un peu comme Truffaut en France. Ses meilleurs films ont joué un rôle prépondérant dans la reconnaissance du cinéma québécois, ici comme à l'étranger.

Michel Brault, le maître de la caméra

Lorsqu'on survole la carrière de Michel Brault, on se demande presque s'il n'a pas le don d'ubiquité. En effet, Brault donne l'impression d'avoir été partout, dans les années 1960 et 1970, où il s'est passé quelque chose.

C'est une figure dominante du cinéma direct dont on remarque le travail à la caméra dans des films aussi importants que *Les Raquetteurs* (coréalisateur : Gilles Groulx, 1958, c.m.), *Golden Gloves* (Gilles Groulx, 1961, c.m.) et *Pour la suite du monde* (coréalisateur : Pierre Perrault, 1963). Rapidement, sa réputation devient telle que les réalisateurs français Jean Rouch et Mario Ruspoli font appel à lui. On le présente alors comme le meilleur caméraman du monde.

Au Québec, quand la fiction commence à s'imposer, Brault signe les images de *Seul ou avec d'autres* et cosigne celles d'*À tout prendre* (avec Jean-Claude Labrecque et Bernard Gosselin). Plus tard, on le retrouvera à la caméra de *Mon* oncle Antoine, du *Temps d'une chasse* (Francis Mankiewicz, 1980) et d'une vingtaine d'autres longs métrages.

À titre de réalisateur, en plus de ses nombreuses coréalisations pendant la grande époque du cinéma direct, on lui doit surtout deux longs métrages remarquables : *Entre la mer et l'eau douce* (1967) et *Les Ordres* (1974). Dans ce dernier film, qui lui vaut le Prix de la mise en scène au Festival de Cannes, il évoque les événements d'octobre 1970 : une sorte de « fiction documentée », un récit distancié dans lequel l'intensité dramatique n'empêche pas le cinéaste de faire appel à la capacité de réflexion et d'analyse du spectateur. De ce fait, *Les Ordres* représente l'un des exemples les plus éloquents de l'enrichissement de la fiction par les leçons du documentaire.

Gilles Groulx, le révolutionnaire

Gilles Groulx, dont la carrière fut brusquement interrompue (1980) par un grave accident, est probablement le plus fulgurant et le plus mordant des cinéastes québécois. D'abord monteur, Groulx participe activement à l'éclosion du cinéma direct avec des films comme *Les Raquetteurs, Golden Gloves* et *Voir Miami…* (1963, c.m.). La facture très libre du *Chat dans le sac* (1964), son premier long métrage, ainsi que le travail de documentariste de Groulx et son passé de monteur annoncent l'allure de ses longs métrages suivants. En effet, *Où êtes-vous donc ?* (1968), *Entre tu et vous* (1969) et *24 heures ou plus…* (1976) épousent la forme du collage, le dernier des trois films se situant davantage du côté du documentaire. Par l'intermédiaire de ces œuvres complexes, Groulx dénonce l'aliénation moderne et condamne la répression politique et sexuelle.

Après un documentaire sobre au sujet d'un groupe de paysans mexicains partisans de la réforme agraire (*Première question sur le bonheur,* 1977), Groulx tourne *Au pays de Zom* (1982), splendide opéra distancié formulant une critique incisive de la bourgeoisie. Au moyen d'une proposition cinématographique unique dans l'histoire du cinéma québécois (le film opéra, sur une musique de Jacques Hétu), il poursuit son œuvre de contestation et de réflexion à propos de la société québécoise, tout en renouvelant de fond en comble son approche de la mise en scène.

Dans une analyse pénétrante du travail de Gilles Groulx et de son influence, le critique Michel Beauchamp fait remarquer que l'œuvre du cinéaste, « interrompue peu avant la mutation de l'industrie engendrée par le succès appréciable de bon nombre de films récents, est l'une des rares à s'être achevée dans la fidélité de son projet initial[1] ». Cette observation est des plus justes, car Groulx demeure le plus irréductible des cinéastes québécois ; ses films, dans leur éclatement, tracent une ligne franche que rien ne fait dévier. Groulx est un véritable cinéaste de combat politique et les formes qu'il développe le placent à la fine pointe de la modernité. Ses réalisations, comme le souligne encore Michel Beauchamp, « restent surtout admirables pour avoir saisi une période du "Québec dans le monde" et avoir enregistré les images de sa réalité en mouvement[2] ».

Gilles Carle, le conteur

Après avoir abordé le cinéma en réalisant quelques courts métrages, Gilles Carle introduit une nouvelle dimension dans le cinéma québécois avec *La Vie heureuse de Léopold Z.* et les longs métrages qui vont suivre. Ses films sont ceux d'un conteur, d'un fantaisiste capable de poser un regard tendre et amusé sur la société. Avec *Le Viol d'une jeune fille douce* (1968) et *Red* (1969), Carle achève de jeter les bases d'une œuvre singulière et largement dégagée de l'influence du direct, centrée sur les thèmes du conflit, de l'exploitation, de l'aliénation et de la quête d'une structure familiale. *Les Mâles* (1970) et *La Vraie Nature de Bernadette* (1972), qui traitent de l'opposition entre nature et culture, constituent le sommet de sa carrière. Ces films lui valent une réputation internatio-

---

1. Michel Beauchamp, « Aujourd'hui, Gilles Groulx », *24 images,* n°s 44-45, p. 78.

2. *Ibid.,* p. 81.

nale et font de lui une figure dominante du cinéma québécois auprès, notamment, de la critique française.

Des six films que Carle tourne avec la comédienne Carole Laure — dont *La Mort d'un bûcheron* (1973), *La Tête de Normande St-Onge* (1975) et *L'Ange et la Femme* (1977) — on retient surtout l'exploration d'un érotisme très personnel, qui projette de la femme une image paradoxale : superbe de fragilité, presque déifiée dans sa vulnérabilité.

Extrêmement prolifique (huit longs métrages dans les années 1970), Carle démontre, avec Jean Pierre Lefebvre et quelques autres, qu'il est possible de faire œuvre d'auteur au sein de l'industrie privée du cinéma. La décennie 1980 est cependant plus difficile pour lui, car après avoir tourné quelques prestigieuses coproductions (*Fantastica,* 1980 ; *Les Plouffe,* 1981 ; *Maria Chapdelaine,* 1983), il s'est cantonné dans le documentaire. En fait, son seul film de fiction personnel (*La Guêpe,* 1986) se solde par un cruel échec. *La Postière* (1992) et *Pudding chômeur* (1996) montrent qu'il n'a rien perdu de sa gouaillerie, même s'ils n'ont pas la portée des films plus anciens.

À titre de documentariste, Carle signe des œuvres rassemblant des éléments en apparence épars, dans lesquels transparaît son goût pour le jeu, les bons mots, les anecdotes. *Jouer sa vie* (coréalisateur : Camille Coudari, 1982), qui porte sur le jeu d'échecs, *Ô Picasso* (1985), film-collage sur le plus célèbre artiste du xxe siècle, ainsi que *Le Diable d'Amérique* (1990), réflexion sur l'entropie et son rapport avec la société américaine, constituent les meilleurs exemples de cette partie de l'œuvre du cinéaste. En 1998, Carle réalise une autobiographie filmée jubilatoire sous le titre *Moi, j'me fais mon cinéma.*

Qu'ils soient réussis ou non, les films de Carle portent la marque indélébile de l'identité québécoise ; ils annoncent la venue d'André Forcier (que Carle découvrira le premier) par leur truculence, leur caractère imparfait et leurs fondements réalistes débouchant invariablement sur l'imaginaire.

À mesure qu'avancent les années 1960, le cinéma québécois s'industrialise. De nouvelles façons de réaliser et de produire des films de fiction s'imposent. L'ascendant du direct, capital pour l'émergence du jeune cinéma québécois, s'amoindrit au profit d'autres influences.

Certains films réalisés plus tard resteront quand même imprégnés par cette conception de la fiction ; ainsi, on en retrouvera la trace dans des films comme *Le Temps d'une chasse*, de Francis Mankiewicz (principalement grâce à la caméra de Brault), *L'Hiver bleu*, d'André Blanchard (1979), *Albédo*, de Jacques Leduc et Renée Roy (1982, m.m.), *Le Dernier Glacier*, de Jacques Leduc et Roger Frappier (1984), *Celui qui voit les heures*, de Pierre Goupil (1985), et *L'Homme renversé*, d'Yves Dion (1986). Comme le souligne Gilles Marsolais[3], ces films confirment qu'*À tout prendre, Le Chat dans le sac* et *Entre la mer et l'eau douce* n'ont pas été que des météorites.

3. Michel Coulombe et Marcel Jean, *Le Dictionnaire du cinéma québécois*, Montréal, Éditions du Boréal, 1999, p. 130.

CHAPITRE 6

Le développement désordonné d'une industrie

Les tentatives d'implanter une industrie du cinéma de fiction au Québec, entre 1920 et 1950, se sont soldées par des échecs. Pour expliquer ces déboires, on a souvent montré du doigt l'immobilisme des gouvernements, incapables de soutenir les producteurs aux prises avec une féroce concurrence étrangère et l'étroitesse du marché local. Lorsque, au milieu des années 1960, une troisième vague de longs métrages apparaît, tous souhaitent que l'État sorte enfin de sa torpeur pour appuyer les initiatives privées. Encore une fois, on craint que l'industrie cinématographique québécoise n'avorte dans l'indifférence générale.

Vers une infrastructure économique

En 1964, à la suite des pressions exercées par le milieu cinématographique, le gouvernement fédéral adopte le principe de la création d'un fonds d'emprunts visant à aider les producteurs privés.

L'année précédente, Claude Jutra a réalisé *À tout prendre* et René Bonnière a signé *Amanita Pestilens,* une curieuse comédie racontant les malheurs d'un banlieusard aux prises avec de dangereux champignons infestant sa pelouse. Toujours en 1963, Pierre Patry, avec quelques techniciens de l'ONF, a fondé une coopérative de production baptisée Coopératio. Le premier film réalisé au sein de cette maison, *Trouble-fête* (Pierre Patry, 1964), remporte un franc succès commercial avec ses quelque 300 000 entrées. Mélodrame ayant la prétention de refléter la marche de la Révolution tranquille, ce film fait le pont — sur les plans tant de l'esthétique que de la thématique — entre la production des années 1940 et les réalisations de la deuxième moitié des années 1960. À cette époque, la production privée se résume pratiquement à ces films. Ce sont donc les premiers soubresauts de l'industrie que le gouvernement veut encourager.

Malheureusement, ce n'est qu'en mars 1967 que la Société de développement de l'industrie cinématographique canadienne (SDICC) est créée ; elle ne sera active qu'à partir de 1968. Coopératio est alors sur le point de fermer ses portes. De 1964 à 1967, Pierre Patry, à titre de producteur et parfois de réalisateur, participe à la création de six longs métrages (dont *Délivrez-nous du mal,* de Jean-Claude Lord, 1965, et *Entre la mer et l'eau douce,* de Michel Brault, 1967), soit la moitié des longs métrages de fiction québécois issus de l'industrie privée pendant cette période.

Quoi qu'il en soit, l'entrée en scène de la SDICC contribue à l'industrialisation rapide du cinéma québécois. Grâce à elle, cette jeune industrie n'a pas été un feu de paille. Avec son mandat à caractère plus économique que culturel, la SDICC favorise avant tout la production de nombreux films commerciaux : des comédies (*Deux femmes en or,* Claude Fournier, 1971 ; *Tiens-toi bien après les oreilles à papa,* Jean Bissonnette, 1971), des « films de fesses » (*L'Initiation,* Denis Héroux, 1969 ; *L'Amour humain,* Denis Héroux, 1970), etc. Le public apprécie ces films à l'accent local qui offrent un contraste rafraîchissant par rapport au tout-venant du cinéma américain.

Dans le sillage de ces films commerciaux se développe quand même un cinéma d'auteur. Le début de la décennie 1970 marque l'apogée des carrières de Gilles Carle et de Jean Pierre Lefebvre, tandis que Denys Arcand quitte l'ONF pour s'aventurer dans le cinéma de fiction.

La création de la SDICC mène à la conclusion de nombreux accords de coproduction, notamment avec Israël, l'Italie, l'Allemagne fédérale et la Grande-Bretagne (un traité avec la France existe depuis 1963). Ce nouvel afflux de capitaux provoque aussi une vive inflation des coûts de production, qui vient jeter un peu d'ombre sur le succès d'ensemble.

Pour accentuer son aide à l'industrie, le gouvernement fédéral lance en 1974 un programme d'incitation fiscale. Puis, en 1975, le gouvernement provincial s'engage à son tour en adoptant une loi-cadre sur le cinéma qui, entre autres choses, prévoit la création de l'Institut québécois du cinéma (IQC), lequel reçoit aussi pour mandat d'investir dans l'industrie privée du cinéma. En juillet 1977, l'IQC rend publics ses programmes d'aide.

Cette nouvelle donne déclenche une seconde poussée de croissance de l'industrie cinématographique, qui produit cependant des effets pervers catastrophiques : l'inflation est galopante et la qualité moyenne des productions privées s'avère déplorable ; des producteurs surgissent, attirés par la possibilité de réduire le cinéma à une simple opération financière, sans jamais se préoccuper de la qualité ou de la viabilité du film qui en résulte. La situation se détériore d'année en année, de sorte qu'au début des années 1980 la fragile industrie subit de plein fouet les conséquences de la crise économique. Le cinéma québécois, comme le cinéma canadien, se retrouve au creux de la vague.

Il faut attendre 1983 pour que l'État impose un changement de cap. On se tourne alors vers la télévision. La SDICC devient Téléfilm Canada ; le nouvel organisme doit à la fois financer le cinéma (grâce à des crédits annuels de 30 millions de dollars) et la télévision (pour laquelle il dispose de 50 millions de dollars par an). La même année, l'IQC devient la Société générale du cinéma du Québec (SGCQ), organisme qui cédera sa place à la Société générale des industries culturelles (SOGIC) en 1987, puis à la Société de développement des entreprises culturelles (SODEC) en 1994.

À partir de 1983, la télévision devient l'élément-clé de la survie de l'industrie privée du cinéma au Québec. C'est elle, plus que tout autre intervenant, qui détermine les films qui se feront et ceux qu'on ne réalisera pas. C'est aussi par elle que le cinéma québécois va vivre ou mourir, car il n'est pratiquement plus possible de financer un film sans obtenir l'accord d'un télédiffuseur.

On a déjà parlé de *Trouble-fête* (1964), le grand succès commercial de 1964 réalisé par Pierre Patry au sein de Coopératio. Cependant, c'est davantage à Denis Héroux qu'à Pierre Patry qu'il faut attribuer le mérite d'avoir fait miroiter la possibilité de rentabiliser le cinéma québécois.

En effet, Denis Héroux avait déjà fait preuve d'un sens de l'initiative hors du commun à l'époque de *Seul ou avec d'autres* (c'est lui qui avait eu l'idée d'aller chercher Brault à l'ONF), et il n'allait pas s'arrêter en si bon chemin. C'est ainsi qu'après un deuxième film réalisé à l'Université de Montréal (*Jusqu'au cou,* 1964), J. A. DeSève fait appel à lui pour réaliser *Pas de vacances pour les idoles* (1965), un long métrage qui ne constitue en réalité qu'un simple véhicule publicitaire pour quelques vedettes de Télé-Métropole (Joël Denis, Suzanne Lévesque, etc.).

Héroux réussit en 1968 ce qui devient en quelque sorte son coup de maître. Pour *Valérie,* il a l'idée de « déshabiller la p'tite Québécoise ». Le film, tourné en noir et blanc pour la somme de 99 000 $, en rapporte deux millions. L'année suivante, Héroux réalise *L'Initiation.* Le résultat est aussi éclatant : produit au coût de 200 000 $, *L'Initiation* engendre des recettes de 2,5 millions.

Le visionnage de *Valérie* révèle un film incroyablement moralisateur, dans lequel une orpheline de 20 ans s'évade d'un couvent pour devenir danseuse topless puis prostituée, avant d'être sauvée par l'amour, la vie familiale et la maternité. Il s'agit donc d'une fausse histoire de libération, où quelques paires de seins soigneusement dénudés servent de camouflage à une morale des plus conservatrices.

En 1970, Claude Fournier bat tous les records avec *Deux femmes en or,* comédie grivoise dans laquelle deux banlieusardes trompent leur ennui en accueillant plus que chaleureusement tous les hommes qui franchissent la porte de leur maison. Caricaturant habilement la vie quotidienne de milliers de banlieusards, Fournier arrive à faire oublier un scénario mal construit et tourné approximativement. Ce film, qui attirera deux millions de spectateurs et rapportera environ quatre millions de dollars, ne coûte que 225 000 $ à produire.

Le succès de ces films est à l'origine d'une brève mais importante vague de réalisations exploitant la nouvelle attitude plus « libérée » de la société québécoise envers la sexualité. *Après-ski* (Roger Cardinal, 1970), *7 fois… (par jour)* (Denis Héroux, 1971) et *Pile ou face* (Roger Fournier, 1971) comptent parmi la dizaine de titres se rattachant à ce courant.

À la mode des films érotiques succède celle des comédies. On mise alors sur des vedettes de la télévision (Dominique Michel, Gilles Latulippe, Claude Michaud) ou de la scène (Yvon Deschamps) et on fait appel à la collaboration de scripteurs venus du petit écran. Gilles Richer, auteur de la comédie télévisée *Moi et l'autre,* scénarise *Tiens-toi bien après les oreilles à papa* et *J'ai mon voyage !* (Denis Héroux, 1973) et assume la réalisation d'un troisième scénario (*Tout feu, tout femme,* 1975). De son côté, Marcel Gamache, auteur de la série *Cré Basile,* scénarise *Pousse mais pousse égal* (Denis Héroux, 1974).

La mauvaise qualité de ces comédies et des films érotiques auxquels elles succèdent contribue à ternir l'image du cinéma québécois auprès d'une large part de son public.

Sorte de fils spirituel de Pierre Patry, Jean-Claude Lord poursuit une carrière résolument tournée vers un cinéma destiné au grand public, mais sans s'inscrire dans les deux grands courants commerciaux de l'époque. Il leur préfère le mélodrame social (genre de prédilection de Patry), comme en témoignent *Les Colombes* (1972), *Parlez-nous d'amour* (1976) et *Éclair au chocolat* (1978), ou le *thriller* politique, auquel se rattachent *Bingo* (1974) et *Panique* (1977). De ces cinq films, on retient surtout *Bingo,* première fiction à faire allusion aux événements d'octobre 1970. Lord y sacrifie toute velléité d'analyse politique à l'autel de l'efficacité ; son film remporte un succès public considérable.

À la fin de la décennie 1970, le passage de Jean-Claude Lord à la réalisation de films en anglais (*Visiting Hours,* 1981 ; *Covergirl,* 1984 ; etc.) est symptomatique de la fin d'une époque. Denis Héroux (*Born for Hell,* 1976 ; *The Uncanny,* 1977) et Claude Fournier (*Alien Thunder,* 1973 ; *Hot Dogs,* 1980), les deux autres grands noms du cinéma commercial de cette période, l'ont d'ailleurs précédé. Désormais, le rêve de rentabiliser le cinéma québécois sur le marché local est chose du passé. L'usage de l'anglais fait luire le mirage du succès outre-frontières : le cinéma québécois des années 1980 sera à l'heure internationale ou ne sera pas.

Jean Pierre Lefebvre, l'artisan

Dans le cinéma québécois des décennies 1960 et 1970, Jean Pierre Lefebvre occupe une place particulière. Venu directement à la fiction sans passer par l'ONF, Lefebvre est tantôt sensible à l'agitation politique québécoise (*Le Révolutionnaire,* 1965 ; *Jusqu'au cœur,* 1968 ; *Mon œil,* 1970 ; *Les Maudits Sauvages,* 1971 ; *Ultimatum,* 1973), tantôt tendrement tourné vers le désarroi de personnages exprimant leurs blessures et leur souffrance (*Il ne faut pas mourir pour ça,* 1967 ; *Les Dernières Fiançailles,* 1973 ; *L'Amour blessé,* 1975). Son style s'épanouit à l'intérieur de films à petit budget et se caractérise par l'emploi du plan-séquence, le tournage en décors naturels et une audace constante dans le montage. Son cinéma se situe souvent à la frontière du cinéma expérimental (notamment dans *La Chambre blanche,* 1969, et *Au rythme de mon cœur,* un film-journal datant de 1983). Lefebvre, ancien critique de cinéma, suit de près l'actualité cinématographique québécoise, comme en témoignent *Q-Bec my love* (1969), réaction à la mode des films érotiques, et *Le Gars des vues* (1976), hommage aux cinéastes amateurs.

Avec plus de 20 longs métrages réalisés depuis 1965, Lefebvre réussit une véritable performance qui s'explique en partie par le contrôle total de toute la chaîne de production, qu'il exerce longtemps avec la collaboration de sa femme, la productrice et monteuse Marguerite Duparc (décédée en 1982).

Si ses dernières réalisations semblent moins inspirées, Jean Pierre Lefebvre n'en demeure pas moins fidèle à ses habitudes de tournage, continuant à privilégier l'artisanat et les petits budgets. Il est d'ailleurs amusant de constater que son seul documentaire, *Laliberté, Alfred Laliberté sculpteur 1878-1953* (1987), est demeuré son film le plus coûteux jusqu'à ce qu'il entreprenne la réalisation du *Fabuleux Voyage de l'ange* (1991).

Étudiant en histoire passé à l'école du cinéma direct, Denys Arcand aborde la fiction (1971) après quelques démêlés avec la censure de l'ONF au sujet de deux de ses documentaires : *On est au coton* (1970) et *Québec : Duplessis et après…* (1972). C'est chez Cinak, la société de production de Jean Pierre Lefebvre et Marguerite Duparc, qu'il trouve les appuis nécessaires pour la réalisation de ses deux premières fictions : *La Maudite Galette* (1971) et *Réjeanne Padovani* (1973).

L'œuvre d'Arcand est celle d'un observateur brillant qui n'a de cesse de poser sur la société québécoise un regard critique. Son cinéma est à la fois personnel et populaire, ses films pastichant le cinéma de genre (*La Maudite Galette,* le film policier ; *Gina,* 1975, le western) ou empruntant les structures narratives les plus classiques (le rapport qu'entretiennent *Réjeanne Padovani, Le Déclin de l'empire américain,* 1986, et *Jésus de Montréal,* 1989, avec la tragédie).

La comparaison occupe une place centrale dans les récits d'Arcand : entre les employés et les patrons dans *Réjeanne Padovani,* entre une strip-teaseuse et un cinéaste dans *Gina,* entre les hommes et les femmes dans *Le Déclin de l'empire américain.* C'est avec elle que s'articule sa pensée, celle d'un cinéaste du constat se refusant à dicter une conduite, de nature politique ou autre. À cause de cette attitude, les films d'Arcand projettent une image désabusée, invariablement pessimiste, aucune action individuelle ne pouvant infléchir la marche de l'histoire, qui se répète sans cesse. D'ailleurs, le thème de la chute, de la décadence, est central chez Arcand ; il parcourt autant *Réjeanne Padovani* (à travers le parallèle mis en évidence avec l'exécution de l'impératrice romaine Messaline) que *Le Déclin de l'empire américain* (dont le titre est suffisamment évocateur), autant *Le Confort et l'Indifférence* (par les interventions de Machiavel) que *Jésus de Montréal* (qui traite de la perversion des valeurs).

À la suite du succès mondial du *Déclin de l'empire américain,* Denys Arcand est devenu le cinéaste emblématique du Québec. Auteur à part entière, il s'adapte tout de même à merveille à une industrie dans laquelle les producteurs prennent de plus en plus de place (comme l'illustrent son association avec le producteur vedette Roger Frappier, qui est à l'origine du retour en force d'Arcand avec *Le Déclin de l'empire américain,* puis celle avec Denise Robert).

Après trois longs métrages reçus froidement (*Love & Human Remains,* 1993; *Joyeux calvaire,* 1996; *Stardom,* 2000), Arcand revient en force avec *Les Invasions barbares* (2003), succès international couronné notamment du Jutra du meilleur film québécois, du Génie du meilleur film canadien, du César du meilleur film français et de l'Oscar du meilleur film étranger. Reprenant les personnages du *Déclin de l'empire américain,* Arcand utilise de nouveau la comparaison (entre les générations) et le thème de la déchéance (transposée ici en maladie) pour parler des relations entre un père, à l'approche de la mort, et son fils.

André Forcier, l'enfant terrible

Réalisme magique, fantastique social, poésie du réel : on a utilisé toutes sortes d'expressions pour qualifier le cinéma d'André Forcier. Ce cinéma, c'est celui d'un poète opposant la fantaisie et l'imagination à la misère et à la pauvreté chroniques de ses personnages. *Bar salon* (1973), *Night Cap* (1974, m.m.), *L'Eau chaude l'eau frette* (1976), *Au clair de la lune* (1982), *Kalamazoo* (1988), *Une histoire inventée* (1990), *Le Vent du Wyoming* (1994), *La Comtesse de Bâton-Rouge* (1997), *Acapulco Gold* (2004) et *Les États-Unis d'Albert* (2005) forment le corps d'une œuvre baroque et foisonnante, merveilleuse illustration d'une société québécoise en manque d'amour, guettée par la mort, aérée par l'humour et irriguée par l'alcool. Prennent ainsi forme chez Forcier un univers où les personnages sont attirés vers le sol mais aspirent à s'envoler, un monde où l'évasion imaginaire s'oppose à la prison du réel, un microcosme oscillant entre le tragique et l'absurde.

Le cinéma de Forcier est vulgaire en ce qu'il s'intéresse au commun des hommes, aux déshérités, aux désœuvrés, aux laissés-pour-compte. La misère morale y côtoie l'utopie (l'Abinie dans *Au clair de la lune*) et l'absolu (l'amour fou de Félix Cotnoir pour Helena Mentana, dans *Kalamazoo*). La mort, presque toujours en bout de route, est la conséquence du désespoir. Ainsi les meurtres qui viennent clore *Night Cap* et *Une histoire inventée,* de même que les suicides qui terminent *L'Eau chaude l'eau frette* et *Kalamazoo*. Mais le pessimisme des premiers temps *(Night Cap)* fait place à l'espoir, par le biais de la fuite en side-car des deux adolescents dans *L'Eau chaude l'eau frette,* de la fuite de la mère et de la fille dans *Une histoire inventée,* ou du souvenir de Félix Cotnoir qui continue de hanter ses deux amis dans *Kalamazoo*.

Dans le milieu très sage du cinéma québécois, Forcier fait figure d'enfant terrible (sa société de production s'appelle Les Films du paria). Il est celui dont les films sont tournés dans la tourmente, au milieu de problèmes de toutes sortes ; cette image s'ajoute au caractère singulier de son cinéma qui polarise les réactions à son endroit : on est souvent farouchement pour Forcier ou violemment contre lui. À ces controverses s'ajoute encore le fait que son cinéma n'a pas — à l'exception notable d'*Une histoire inventée* — obtenu la faveur du public : on trouve là tous les éléments nécessaires pour forger l'image d'un artiste maudit.

Des classiques en devenir

D'autres cinéastes se sont signalés au cours de la décennie 1970 en réalisant quelques films qui méritent l'attention. D'abord, Jacques Leduc propose une œuvre forte, surprenante et difficile : *On est loin du soleil* (1970) est une variation sur l'étouffement de la société québécoise à partir du thème du frère André. Rigoureux et sans concession, le film exprime avec une violence constamment retenue l'aliénation dans laquelle sont maintenus les membres d'une famille.

En 1971, Jacques Godbout signe *IXE-13,* film unique par son approche parodique et stylisée. S'inspirant des romans d'espionnage de Pierre Saurel (dont les premières publications remontent à 1948), Godbout crée une comédie musicale empruntant son esthétique à la bande dessinée. Plus qu'un simple divertissement, le film devient une réflexion sur la culture populaire et son rapport avec certaines valeurs dominantes à l'époque de Duplessis (xénophobie, anticommunisme, respect du catholicisme, etc.). Après *IXE-13,* Godbout s'est essentiellement consacré au documentaire de type journalistique (mis à part la réalisation de *La Gammick,* un *thriller* datant de 1974).

Réalisé en 1972, *Le Temps d'une chasse,* de Francis Mankiewicz, jette les bases d'une œuvre axée sur le thème de l'enfance ; un enfant est témoin de la mort de son père, abattu accidentellement par un compagnon de chasse. L'univers de Mankiewicz sera ensuite marqué par l'éclatement de la structure familiale et l'inlassable quête de l'enfant désireux de la reconstituer. *Les Bons Débarras* (1980), formidable rencontre entre l'univers et la sensibilité de l'écrivain Réjean Ducharme et ceux du cinéaste, affirmera cette thématique, que viendront enrichir *Les Beaux Souvenirs* (1981) et *Les Portes tournantes* (1988), respectivement scénarisés par Réjean Ducharme et Jacques Savoie.

Venu du documentaire et de la musique rock, Pierre Harel surprend tout le monde avec *Bulldozer* (1974), fable cruelle illustrant un monde *underground,* difforme, sale et incestueux. La révolte de Peanut, personnage central du film qui finira par tout niveler — les humains comme le reste — à l'aide d'un *bulldozer,* crie bien fort le désespoir suscité par une sous-société s'engluant dans son ignorance et sa crasse. Impossible de ne pas voir dans cette provocation une réaction à l'immobilisme québécois consécutif à la déconfiture d'octobre 1970.

Davantage tourné vers le passé, *Les Vautours* (1975), de Jean-Claude Labrecque, constitue une intéressante évocation de la fin du duplessisme par le biais des déboires d'un jeune homme que ses tantes dépouillent du maigre héritage laissé par sa mère. Labrecque y développe un style réaliste empreint d'humour, soutenu par une solide direction d'acteurs. Il reprendra, avec moins de bonheur, les mêmes personnages dans *Les Années de rêve* (1984).

Après avoir réalisé une intéressante série de deux courts métrages et de deux moyens métrages (dont *Cher Théo,* 1975, m.m., est le point culminant), Jean Beaudin tourne *J. A. Martin photographe* (1976). Bien accueilli, ce long métrage dénote un réel talent d'illustrateur. Les images sont belles, les éclairages soignés et les décors naturels admirablement choisis. Le film raconte l'histoire, au début du siècle, d'un photographe et de sa femme qui, au cours d'une tournée, réapprennent à vivre ensemble. Le ton juste et la délicatesse du film en font le meilleur moment de la carrière de Jean Beaudin. Le style esthétisant du cinéaste se confirmera dans ses réalisations ultérieures, notamment dans *Cordélia* (1979) et *Mario* (1984).

Remarqué lors de la sortie de *Tu brûles… tu brûles…* (1973), Jean-Guy Noël termine en 1976 *Ti-cul Tougas*; il y exprime les sentiments de la jeunesse de l'époque dans l'histoire d'un garçon qui, après avoir volé une grosse somme, veut entraîner ses amis vers une Californie mythique. Les frustrations et les rêves de cette jeunesse isolée aux îles de la Madeleine sont traduits par un filmage inégal, qui cependant suscite toujours l'émotion.

Ce n'est pas par hasard que ce chapitre se termine sur un film réalisé en 1976; c'est de là que s'amorce la lente descente d'une cinématographie qui atteindra le creux de la vague au tournant de la décennie. *Les Bons Débarras* (Francis Mankiewicz), dont on a déjà parlé, se présente ainsi comme une sorte de film charnière, dernier temps fort du cinéma de la décennie 1970, ou signe avant-coureur de la reprise du milieu des années 1980. Avec sa mise en scène crue, naturaliste et proche des comédiens, cette histoire d'une fillette machiavélique qui voue à sa mère un amour exclusif constitue l'un des sommets de la jeune histoire du cinéma de fiction au Québec.

CHAPITRE 7

Le cinéma au féminin

Au Québec, le cinéma des femmes a sa propre histoire. Il apparaît véritablement après 1970 et s'affirme dès lors comme une entité, avec ses thèmes (liés à la condition féminine), ses genres (le documentaire, la fiction sociale) et son esthétique (l'utilisation de la voix hors champ, l'intériorisation, etc.). Encore aujourd'hui, les femmes cinéastes expriment une certaine solidarité : elles luttent pour qu'une plus grande partie des crédits alloués à la production cinématographique leur soit attribuée, elles se regroupent à l'intérieur de comités ou d'associations, etc.

On trouve bien peu de traces de films réalisés par des femmes avant la fin de la décennie 1960. Dorothée Brisson, employée du Service de cinéphotographie du gouvernement du Québec, fait figure de lointaine « annonciatrice ». Au cours de la décennie 1950, elle réalise plusieurs documentaires, dont *Camp Marie-Victorin* (1956, c.m.) et *Zoo* (1957, c.m.). Certains de ses films sont coréalisés avec une autre femme, Suzanne Caron (notamment *Au printemps,* 1958, c.m.).

À l'ONF, seuls quelques films réalisés par des hommes abordent les questions féminines. C'est le cas, notamment, de *Tu enfanteras dans la joie* (Bernard Devlin, 1957, c.m.) et de *Les Femmes parmi nous* (Jacques Bobet, 1961, m.m.), qui porte précisément sur l'émancipation de la femme. Dans les années 1950 et au début des années 1960, bon nombre de femmes occupent certains postes techniques (scripte, monteuse, assistante à la réalisation, etc.), mais sans avoir accès à la réalisation.

En 1964, Monique Fortier signe enfin le premier film québécois réalisé par une femme et portant sur des femmes, *La Beauté même* (c.m.), dans lequel la réalisatrice tente de dépeindre ce que la beauté peut représenter pour les femmes. Fortier, qui abandonnera ensuite la réalisation pour se consacrer au montage, y manifeste un style personnel qui prépare l'émergence d'une écriture féminine dans le cinéma québécois.

Pratiquement à la même époque, Anne Claire Poirier, ayant déjà réalisé un documentaire (*30 minutes, Mr. Plummer*, 1963, c.m.), achève une fiction coscénarisée avec Hubert Aquin. *La Fin des étés* (1964, c.m.) se distingue de l'ensemble du cinéma québécois de l'époque par son côté littéraire, sa construction temporelle complexe et son parti pris pour l'analyse psychologique.

Trois ans plus tard, Poirier donne le coup d'envoi du cinéma féministe québécois en signant un premier long métrage, *De mère en fille* (1967), réflexion sur la grossesse et, plus largement, sur la maternité. En 1971, s'avançant davantage dans la brèche qu'elle a ouverte, elle signe avec Jeanne Morazain le texte intitulé « En tant que femmes nous-mêmes », dans lequel, pour la première fois, est exprimé le désir des femmes de coordonner et de réaliser un programme de films. Après avoir reçu ce texte le 29 mars 1971, l'ONF crée le programme « En tant que femmes » — lequel relève de Société nouvelle — dans le cadre duquel six films seront produits : *J'me marie, j'me marie pas* (Mireille Dansereau, 1973), *Souris, tu m'inquiètes* (Aimée Danis, 1973, m.m.), *À qui appartient ce gage* (Susan Gibbard, 1973, m.m.), *Les Filles, c'est pas pareil* (Hélène Girard, 1974, m.m.), *Les Filles du Roy* (Anne Claire Poirier, 1974, m.m.) et *Le Temps de l'avant* (Anne Claire Poirier, 1975).

Le programme « En tant que femmes » marquera le véritable début d'une production féminine soutenue et viendra confirmer, du côté anglais de l'ONF, la création du studio D (1974), réservé aux femmes. Kathleen Shannon, autre pionnière de la production féminine, en assumera la direction jusqu'en 1987.

La décennie 1990 verra disparaître les structures de production essentiellement consacrées à la promotion du cinéma réalisé par des femmes. Au fil du temps, plusieurs voix féminines se sont imposées au moyen du documentaire : Alanis Obomsawin (*Kanesatake, 270 Years of Resistance,* 1993), Tahani Rached (*Soraïda, une femme de Palestine,* 2004), Diane Létourneau (*Les Servantes du bon Dieu,* 1979), Dagmar Guiessaz-Teufel (*Madame, vous avez rien !,* 1982, m.m.), Marquise Lepage (*Le Jardin oublié — La Vie et l'Œuvre d'Alice Guy-Blaché,* 1995, m.m.), Sophie Bissonnette (*Le Plafond de verre,* 1992, c.m.), Sylvie Groulx (*À l'ombre d'Hollywood,* 2000), Suzanne Guy (*Les Bleus au cœur,* 1987), Manon Barbeau (*Les Enfants du Refus global,* 1998), Catherine Fol (*Ceci n'est pas Einstein,* 2003, m.m.), Lucie Lambert (*Paysage sous les paupières,* 1995), Andrée-Line Beauparlant (*Le Petit Jésus,* 2004), etc. Parallèlement à cela, une nouvelle génération de productrices s'impose ; aux Aimée Danis, Louise Ranger, Louise Carré et Marcia Couëlle succèdent les Bernadette Payeur, Denise Robert, Nicole Robert, Nathalie Barton, Monique Simard, Lorraine Dufour et Jeannine Gagné, qui comptent parmi les producteurs les plus dynamiques du Québec. Du côté de la fiction, Denise Filiatrault (*Ma vie en cinémascope,* 2004) et Ghyslaine Côté (*Elles étaient cinq,* 2004) remportent un large succès public, tandis que Manon Briand (*2 secondes,* 1998) et Catherine Martin (*Mariages,* 2001) voient leurs films couronnés de plusieurs prix.

Anne Claire Poirier, la pionnière

L'importance historique d'Anne Claire Poirier comme instigatrice du programme « En tant que femmes » ne soulève aucun doute. Personnalité forte, Poirier a assumé la production des six films de cette série en plus d'en réaliser deux. Elle n'est certainement pas étrangère à la bonne qualité d'ensemble de ces films, destinés à susciter des discussions, entre hommes et femmes, sur divers aspects de la vie de ces dernières (la situation des adolescentes, l'insatisfaction des femmes mariées de la classe moyenne, l'avortement, etc.).

Comme réalisatrice, Poirier est marquée par son passé de

monteuse. Dans *Les Filles du Roy,* sorte de collage retraçant l'histoire de la servitude des femmes au Québec, elle met en place une structure complexe où les cassures, les brisures de rythme et le recours à la distanciation sont omniprésents ; ces caractéristiques se remarquent également dans certains films de fiction de la cinéaste, comme *Mourir à tue-tête* (1979), qui aborde la question du viol, et *La Quarantaine* (1982), qui scrute les interrogations existentielles d'un groupe d'amis ayant atteint la quarantaine. *Il y a longtemps que je t'aime* (1989), film de montage sur l'image des femmes que projette le cinéma de l'ONF, constitue une suite logique des *Filles du Roy,* tandis que *Tu as crié LET ME GO* (1997) est une réflexion documentaire relative à la mort violente de la propre fille de la cinéaste, jeune toxicomane assassinée en 1995.

Mourir à tue-tête, le film le plus important d'Anne Claire Poirier, est le résultat d'un travail de mise en scène élaboré où se côtoient la stylisation (la scène du tribunal) et l'hyperréalisme (le viol), les images d'archives (notamment sur la clitoridectomie) et les discussions fictives entre une réalisatrice et une monteuse travaillant au film que le spectateur est en train de voir. Le caractère didactique et militant de la démarche de Poirier n'exclut cependant pas l'émotion, intense pendant la scène du viol, qui oscille entre la tendresse et la révolte dans le reste du film.

Si le cinéma de Poirier n'est pas toujours exempt de lourdeur (par exemple dans *La Quarantaine,* où le récit est asphyxié par le poids de la thèse), il n'en demeure pas moins un superbe exemple d'engagement social via le cinéma.

Le documentaire, lieu privilégié de l'expression féminine

La majorité des films de femmes réalisés à partir de 1970 sont des documentaires. Plusieurs raisons expliquent une telle orientation de la production ; d'abord, le passage des femmes derrière la caméra est intimement lié à la montée du mouvement féministe. Ce lien implique un militantisme auquel sied mieux, dans un premier temps, le documentaire que la fiction. On s'applique à faire le point sur la condition féminine, à explorer les rapports entre les hommes et les femmes, à décrire l'expérience féminine, etc. La construction d'une société nouvelle dans laquelle les rapports entre hommes et femmes seraient équitables, la reconnaissance des droits des femmes, tout passe par un rapport avec le réel très étroit.

D'autre part, des motifs purement économiques poussent les femmes vers le documentaire. Moins onéreuse, cette forme de cinéma est plus accessible aux réalisateurs débutants (et les réalisatrices, au cours de la décennie 1970, en sont toutes à leurs premiers pas). Nous verrons ainsi plusieurs femmes parmi les pionniers de l'utilisation de la vidéo, média plus malléable et plus économique que le cinéma. Dès 1973, Helen Doyle, Nicole Giguère et Hélène Roy jettent les bases de ce qui deviendra Vidéo-femmes, une entreprise se consacrant à la production et à la distribution de vidéogrammes réalisés par et pour des femmes.

Enfin, l'importance du documentaire dans la cinématographie québécoise — et particulièrement à l'ONF, où les femmes se sont taillé une place plus tôt que dans l'industrie privée — joue un rôle dans la faveur dont jouit ce type de cinéma auprès des réalisatrices. Il ne faut pas non plus oublier que, si les producteurs masculins admettent, dès le début des années 1970, la nécessité d'un regard féminin porté sur les sujets de documentaires touchant les femmes, il leur faudra en revanche beaucoup plus de temps pour reconnaître l'intérêt d'une écriture féminine dans le domaine de la fiction. En fait, ce ne sera qu'après l'arrivée d'une première génération de productrices que les femmes passeront avec plus de régularité à la réalisation de films de fiction.

Sur le plan thématique, les documentaires réalisés par des femmes sont d'abord déterminés par la lutte collective et les débats sociaux les concernant. On y aborde de grandes questions comme le sexisme (*Le Grand Remue-ménage,* Francine Allaire et Sylvie Groulx, 1978 ; *Des marelles et des petites filles,* Marquise Lepage, 1999, m.m.), l'avortement (*C'est comme une peine d'amour,* Suzanne Guy, 1984), l'accouchement (*Depuis que le monde est monde,* Sylvie Van Brabant, Louise Dugal et Serge Giguère, 1980), le travail domestique (*D'abord ménagères,* Luce Guilbeault, 1978), les métiers non traditionnels (*5 pieds 2 — 80 000 livres,* Nathalie Trépanier,

1999, m.m.), etc. Représentatif des préoccupations des cinéastes, *Some American Feminists* (Nicole Brossard, Luce Guilbeault et Margaret Wescott, 1977, m.m.) donne la parole aux personnalités les plus en vue du féminisme radical américain.

Certains films ne se limitent cependant pas aux questions féminines ou féministes. L'œuvre de Tahani Rached, par exemple, est davantage tournée vers les droits des démunis : c'est ainsi qu'elle parle de l'immigration dans *Les Voleurs de jobs* (1980) et *Haïti-Québec* (1985, m.m.), qu'elle livre des témoignages très personnels sur l'actualité dans *Beyrouth !, « À défaut d'être mort »* (1983, m.m.) ainsi que dans *Ban pay a Rends-moi mon pays* (1986, m.m.) et qu'elle s'intéresse à une stimulante tentative de contrer les effets de la pauvreté dans *Au chic resto pop* (1990). Marilù Mallet, quant à elle, repousse les limites du documentaire dans des films reposant sur des propositions cinématographiques audacieuses, parfois aux limites de la fiction. Parmi ses réalisations, signalons *Journal inachevé* (1982, m.m.), *Chère Amérique* (1990, m.m.) et le sage mais efficace *La Cueca sola* (2003, m.m.).

Le travail de Sophie Bissonnette témoigne d'une conscience politique aiguë. Qu'il s'agisse du rôle des femmes dans une grève d'hommes (*Une histoire de femmes,* coréalisateurs : M. Duckworth et J. Rock, 1980), de l'incidence des changements technologiques sur les conditions de travail de certaines femmes (*« Quel numéro what number ? »,* 1985), de la féminisation de la pauvreté (*L'Amour… à quel prix ?,* 1987) ou des luttes sociales qui ont marqué la vie d'une octogénaire (*Des lumières dans la grande noirceur,* 1991), Bissonnette situe toujours son cinéma sur le terrain de l'engagement, de la résistance, du combat.

Dix ans après *Le Grand Remue-ménage,* Sylvie Groulx trace, avec *Chronique d'un temps flou* (1988), le portrait très juste de quelques jeunes de la génération qu'on qualifie de sacrifiée, celle qui a 20 ans en 1985. La qualité de son regard attentif et chaleureux se remarque également dans son film suivant, *« Qui va chercher Giselle à 3 h 45 ? »* (1989, m.m.), qui illustre la difficulté de concilier maternité et travail, ainsi que dans *L'homme trop pressé prend son thé à la fourchette* (2003), critique de l'idéologie de la performance. En 2000,

Groulx signe un important plaidoyer pour la diversité culturelle avec *À l'ombre d'Hollywood*.

Ces conteuses d'histoires

Le premier long métrage de fiction réalisé par une femme dans l'industrie privée date de 1972. *La Vie rêvée,* de Mireille Dansereau, est une fable féministe sur les fantasmes de deux jeunes femmes rêvant de l'homme idéal. Ambigu mais sympathique, le film n'est pas à la hauteur de ses ambitions, bien qu'il témoigne tout de même d'un bel effort pour introduire la dimension imaginaire dans le cinéma québécois.

L'Arrache-cœur (1979) amène Dansereau sur un autre terrain, celui du conflit opposant une femme à sa mère. Véritable récit psychanalytique, ce film montre un personnage tiraillé entre les sentiments qui l'unissent à sa famille et son besoin d'autonomie.

La même année, Paule Baillargeon et Frédérique Collin réalisent un film ambitieux, d'une écriture âpre et insolite : *La Cuisine rouge*. Plaçant hommes et femmes dos à dos, l'action du film se situe le jour d'un mariage, alors que les hommes boivent, parlent, se défient, en attendant que les femmes, à la cuisine, viennent les servir. Ils attendront en vain, car elles refusent de remplir leur rôle de cuisinière. En s'adonnant à une véritable fête païenne dans la lumière chaude de l'été, elles trouveront une réponse à la domination des hommes : la fuite rituelle. Proche du cinéma expérimental par la liberté avec laquelle le récit y est mené, *La Cuisine rouge* constitue une expérience extrême, unique dans le cinéma féministe québécois.

Deux films de Micheline Lanctôt attirent aussi l'attention. Le premier, *L'Homme à tout faire* (1980), rare film de femme centré sur un personnage masculin, est une comédie douce-amère qui dénote un véritable talent de cinéaste. Lanctôt y raconte l'histoire d'un Gaspésien naïf qui, arrivé à Montréal, connaît divers déboires sentimentaux, particulièrement après s'être amouraché d'une belle bourgeoise. Trois ans plus tard, avec *Sonatine* (1983), Lanctôt signe l'œuvre d'une cinéaste en pleine possession de ses moyens ; le film raconte, en trois mouvements, l'histoire de deux adolescentes qui préparent et mettent à exécution leur suicide. Grâce à sa rigueur formelle, à un impressionnant travail de plasticienne et à la délicatesse des émotions exprimées, *Sonatine* remporte le Lion d'argent au Festival de Venise et laisse espérer de grandes choses de la part de son auteur. Malheureusement, Lanctôt ne retrouvera plus pareil état de grâce, même si *Deux actrices* (1993), *La Vie d'un héros* (1994) et *Le Piège d'Issoudun* (2003) sont des films sincères et souvent audacieux.

Léa Pool, figure de proue de la décennie 1980

La voix de Léa Pool se fait entendre pour la première fois en 1980, par le biais de *Strass Café,* un premier long métrage dont le style évoque celui de Marguerite Duras. Tourné de façon indépendante, ce film produit l'effet d'une bombe auprès de plusieurs cinéastes en devenir, qui y trouvent une esthétique et un ton nouveaux dans le cinéma québécois. *La Femme de l'hôtel* (1984), deuxième film de Léa Pool, confirme cette impression et place la cinéaste parmi les figures dominantes du cinéma québécois. Déjà, la thématique de Pool est bien en place et son esthétique est clairement définie ; son univers est dominé par l'exil, l'errance, la mélancolie et la quête d'identité. S'y articule une constante réflexion sur les rapports entre l'art et le réel, réflexion qui conduit à une véritable exploration de la ville. *La Femme de l'hôtel* présente une cinéaste qui se laisse guider par sa fascination pour une femme rencontrée dans un hôtel, tandis qu'*Anne Trister* (1986) montre une jeune peintre qui se cherche dans sa création et dans l'amour qu'elle ressent pour une amie. *À corps perdu* (1988), d'après un roman d'Yves Navarre, poursuit dans cette veine en relatant l'histoire d'un photographe abandonné par l'homme et la femme qu'il aime.

Ses films suivants élargissent sa palette : *La Demoiselle sauvage* (1991) et *Mouvements du désir* (1994) explorent la passion sexuelle, *Emporte-moi* (1998) et *Lost and Delirious* (2001) abordent la découverte de l'homosexualité, *Gabrielle Roy, un documentaire* (1997) rend hommage à la célèbre écrivaine, tandis que *Le Papillon bleu* (2004), son premier véritable succès public, est un mélodrame destiné à toute la famille.

Cherchant à exprimer le tourment intérieur, les films de Léa Pool sont ceux d'une esthète et s'inscrivent dans le courant postmoderne. *Hotel Chronicles* (1990), premier documentaire de la cinéaste, traduit une parfaite continuité avec ses films de fiction : cette exploration des grands mythes américains à l'époque de la toute-puissance des médias est marquée, comme toute l'œuvre de Léa Pool, par l'introspection, l'errance et la quête d'identité.

CHAPITRE **8**

Le cinéma descend de la vidéo

Il est bien connu qu'au Québec le cinéma est à l'origine de la vidéo. En fait, il y a une filiation directe entre la révolution documentaire qui s'amorce à la fin de la décennie 1950 et l'émergence de l'activité vidéographique au Québec. C'est que l'avènement du cinéma direct, avec sa volonté de coller au réel, d'établir un contact « direct » avec le sujet filmé, débouche tout naturellement sur des expériences d'animation sociale comme celles qui se déroulent à l'ONF dans le cadre du Groupe de recherches sociales (1968) et de Société nouvelle (1969-1979). Or, c'est au Groupe de recherches sociales qu'ont été effectués les premiers tournages utilisant le *portapak* (un magnétoscope portatif fabriqué par Sony), tandis que c'est par le biais de Société nouvelle que le visionnaire Robert Forget a fondé le Vidéographe.

Dès les premières années d'existence de ce centre de production et de diffusion, de futurs cinéastes y passent : Pierre Falardeau (*Continuons le combat,* c.m., 1971), Charles Binamé (*Réaction 26,* 1971), Frank Vitale (*Hitch-Hiking,* m.m., 1972) et Richard Boutet (*Objectal,* m.m., 1972), pour n'en nommer que quelques-uns.

Rapidement, le ton est donné : la vidéo sera sociale. C'est d'ailleurs dans cet esprit qu'apparaissent bientôt le groupe La femme et le film (1973) — qui deviendra en 1979 Vidéo Femmes — et le Groupe d'intervention vidéo (GIV, 1975). Plus tard se constitueront d'autres groupes et des sociétés de production. L'univers de la vidéo va progressivement se complexifier, autant sous forme d'expériences plastiques que de démarches militantes ou d'explorations narratives et formelles.

Le cinéma est donc à l'origine de la vidéo au Québec, c'est un fait reconnu, mais voyons maintenant comment la vidéo a pu influer sur le cinéma québécois durant la décennie 1990.

Un film précurseur

Amorcé en 1977 mais terminé en 1984, *Jacques et Novembre,* de Jean Beaudry (qui est passé par le Vidéographe) et François Bouvier, annonce l'influence que la vidéo exercera sur l'écriture cinématographique. Film racontant les derniers moments d'un jeune homme atteint du cancer, son efficacité repose sur l'ambiguïté résultant de la présence, à l'intérieur du récit, d'un faux journal vidéo destiné à accroître le réalisme. Du même coup, les cinéastes misent habilement sur le caractère intime du tournage vidéo, un média déjà associé à une utilisation domestique ou, à tout le moins, non professionnelle.

On a vu en *Jacques et Novembre,* au moment de sa sortie, un film qui affirmait la survie du cinéma artisanal dans un milieu de plus en plus industrialisé. En ce sens, on a pu croire que ce film était une sorte de relique de la décennie 1970. Avec le recul, cependant, il est intéressant de voir à quel point le dispositif mis en place par Beaudry et Bouvier est proche de ceux d'un Robert Morin, actif à la Coop vidéo (dont il est l'un des huit fondateurs) depuis 1977. On constate donc que *Jacques et Novembre* est en fait un film charnière entre le cinéma social et artisanal des années 1970 et la prolifération, à partir des années 1990, de dispositifs narratifs axés sur la généralisation du recours à la vidéo (analogique puis numérique) pour créer l'illusion du réel. *Love-moi* (Marcel Simard, 1990) illustre d'ailleurs cette tendance.

Sorti à l'automne 2000, *La Moitié gauche du frigo,* de Philippe Falardeau, est un autre bel exemple de film dont l'esthétique et le dispositif rappellent ceux de *Jacques et Novembre.* Tourné en vidéo numérique, ce long métrage pastiche à la fois l'écriture documentaire et la vidéo amateur pour parler de la nouvelle réalité du travail à partir de l'exemple d'un jeune ingénieur en chômage.

Cinéma et réalité

Plusieurs commentateurs ont fait remarquer à quel point le cinéma de fiction québécois s'était coupé du réel au cours de la décennie 1980. Cette observation est juste quant à l'ensemble de la production, dominée par des films qui font délibérément l'impasse sur les questions sociales et ne renvoient que de manière accessoire à la réalité. On pense, par exemple, au cinéma d'Yves Simoneau (*Pouvoir intime,* 1986 ; *Dans le ventre du dragon,* 1989), à celui de Léa Pool ou encore à celui de Jean-Claude Lauzon (*Un zoo la nuit,* 1987 ; *Léolo,* 1992). Ces cinéastes, qui comptent parmi les plus talentueux, sont en rupture avec la tradition du cinéma de fiction découlant des acquis du cinéma direct, représentée par Gilles Groulx, Michel Brault et Claude Jutra.

En fait, pour renouer avec cette tradition, il faut aller voir du côté des cinéastes ayant amorcé leur carrière en vidéo. Pierre Falardeau et Robert Morin sont en effet les deux exemples les plus éloquents de cette tendance. Le premier avec des films comme *Le Party* (1990), *Octobre* (1994) et *15 février 1839* (2000), le deuxième avec des œuvres comme *Requiem pour un beau sans-cœur* (1992), *Windigo* (1994) et *Le Nèg'* (2002). On trouve en effet, dans le travail de ces deux auteurs, des conceptions de la mise en scène qui induisent un rapport étroit au réel, sous la forme d'un goût affirmé pour la transparence chez Falardeau et d'un étonnant sens du dispositif chez Morin. Mais on trouve surtout, chez ces deux cinéastes, une même approche naturaliste du dialogue, qui tranche nettement avec la langue épurée et trop souvent sans résonance qui domine l'ensemble de la production québécoise.

Il importe aussi de souligner que Robert Morin est, de tous les réalisateurs québécois, celui qui contribue le plus à abolir la distinction entre vidéo et cinéma, en ce sens que son travail sur le récit, rigoureux et inventif, propose un renouvellement de l'écriture cinématographique par l'usage de la vidéo. L'accueil médiatique réservé à des bandes comme *Le voleur vit en enfer* (1984, c.m.), *La Répétition* (1989), *Yes Sir ! Madame...* (1995) et *Quiconque meurt, meurt à douleur* (1998) témoigne de l'évolution qui s'est faite dans la reconnaissance que la critique cinématographique accorde à la vidéo. En effet, alors que l'excellent *Le voleur vit en enfer* est reçu avec indifférence par le milieu du cinéma en 1984, *Quiconque meurt, meurt à douleur* est désigné meilleur long métrage de l'année par l'Association québécoise des critiques de cinéma. Entre ces deux bandes, une sorte de fusion s'est opérée.

Vidéo ou documentaire ?

Au milieu des années 1990, l'Office national du film du Canada abandonne le format 16 mm qui était traditionnellement utilisé pour le tournage des documentaires, ferme son laboratoire et fait l'acquisition de caméras vidéo numériques. Il s'agit d'une décision fondamentale sur plusieurs plans, et nous n'allons pas ici nous attarder à l'analyser sous tous ses angles. Contentons-nous plutôt d'insister sur le fait que cette décision contribue à accélérer la fusion qui s'est amorcée entre la vidéo et le cinéma. À partir de ce moment, il sera extrêmement difficile de procéder à toute forme de discrimination et de classification axée sur le support. Ainsi, quelques années plus tard, le Festival international du nouveau cinéma, qui a ajouté une section vidéo en 1984, ainsi que les Rendez-vous du cinéma québécois, qui ont créé une section vidéo en 1991, vont décider d'établir leur programmation respective selon des critères liés au genre et à la durée plutôt qu'au support.

Lorsque des cinéastes confirmés comme Tahani Rached — qui avait amorcé sa carrière en vidéo au début des années 1970 — sont forcés d'abandonner le support argentique et de revenir à la vidéo, personne ne met en doute le caractère « cinématographique » de leur démarche. Ainsi, *Urgence ! Deuxième souffle* (1999) est considéré comme un film au même titre qu'*Au chic resto pop* (1990).

Dans cette foulée se distinguent plusieurs documentaristes ayant auparavant laissé leur marque en vidéo. On pense à Marie Brodeur (*La Danse du guerrier,* m.m., 2001), à Richard Jutras (*Musique pour un siècle sourd,* m.m., 1998), mais surtout à Bernard Émond, qui va devenir, au cours des années 1990, l'une des figures dominantes du documentaire québécois avec des films comme *Ceux qui ont le pas léger meurent sans laisser de trace* (m.m., 1992) et *L'Épreuve du feu* (m.m., 1997), avant de passer à la fiction avec trois œuvres exigeantes saluées par la critique : *La femme qui boit* (2000), *20 h 17 rue Darling* (2003) et *La Neuvaine* (2005).

L'école du clip

La décennie 1980 a été marquée par l'apparition d'un phénomène nouveau : le vidéoclip. Outil publicitaire, mais aussi lieu d'expérimentations formelles et narratives, le vidéoclip est rapidement devenu une école de cinéma pour de nombreux jeunes réalisateurs y voyant la possibilité de tourner beaucoup dans un contexte permettant toutes sortes d'explorations. Ainsi, dès le milieu des années 1980, on a vu François Girard, Gabriel Pelletier et Érik Canuel apprendre les rudiments de leur métier en tournant des clips. D'autres ont suivi, comme Denis Villeneuve et Francis Leclerc, rapidement passés au cinéma.

On trouve un peu de tout dans ce groupe hétéroclite, dont deux des plus beaux fleurons du cinéma commercial québécois — Gabriel Pelletier a réalisé *Karmina* (1996), *La Vie après l'amour* (2000) et *Karmina 2* (2001) ; Érik Canuel a tourné *Nez rouge* (2003), *Le Dernier Tunnel* (2004) et *Le Survenant* (2005) — et des auteurs rapidement consacrés — François Girard a tourné *32 films brefs sur Glenn Gould* (1993) et *Le Violon rouge* (1998), Denis Villeneuve a réalisé *Un 32 août sur terre* (1998) et *Maelström* (2000), Francis Leclerc a donné *Une jeune fille à la fenêtre* (2001) et *Mémoires affectives* (2004).

Dans l'ensemble, François Girard semble être le cinéaste le plus doué, peut-être le réalisateur québécois présentant le plus beau potentiel depuis Jean-Claude Lauzon (*Un zoo la nuit,* 1987 ; *Léolo,* 1992). Venu du clip mais aussi de l'art vidéo avec des réalisations étonnantes comme *Le Train* (c.m., 1986) et *Suspect n° 1* (c.m., 1989), Girard a donné, avec *32 films brefs sur Glenn Gould* et *Le Violon rouge,* deux œuvres intelligentes et maîtrisées qui reposent sur une haute idée du cinéma en tant qu'art permettant de synthétiser l'ensemble de la culture. Il ne lui reste maintenant qu'à aborder l'émotion vraie avec la même audace qu'il a su afficher en abordant les formes pour devenir le grand auteur qu'il pourrait être.

En guise de conclusion

Louis Bélanger (*Post mortem,* 1999 ; *Gaz Bar Blues,* 2003), Denis Chouinard (*L'Ange de goudron,* 2001) et Ricardo Trogi (*Québec-Montréal,* 2002 ; *L'Horloge biologique,* 2005), trois des étoiles montantes du cinéma d'auteur au Québec, s'ajoutent à tous les autres cinéastes déjà énumérés pour montrer à quel point il y a eu, depuis une trentaine d'années, des échanges constants entre la vidéo et le cinéma au Québec. On a longtemps cru à un dialogue de sourds, on a pu voir le milieu du cinéma regarder de haut le monde grouillant de la vidéo, on a vu naître des rivalités et s'installer des jalousies, mais, à la fin, on n'arrive plus vraiment à faire la différence.

S'il est vrai que l'industrie du cinéma, au cours de la décennie 1980, s'est refermée sur elle même, qu'elle a ainsi étouffé le cinéma artisanal et n'a semblé vouloir faire aucune place aux jeunes cinéastes, les apprentis cinéastes sont allés ailleurs : ils ont réalisé des vidéogrammes, des vidéoclips, des reportages tournés à la vitesse de l'éclair dans des conditions aberrantes pour *La Course autour du monde.* « Un âne qui donne de la tête dans un mur en reçoit le même coup », écrivait Bocacce. Les apprentis cinéastes n'étant pas des ânes, ils ont contourné le mur.

CHAPITRE 9

La lune de miel après le divorce

En 1980, le cinéma québécois était englué dans la morosité. Les belles années du jeune cinéma québécois et celles ayant suivi la naissance de l'industrie privée soutenue par l'État avaient fait place au désenchantement postréférendaire. Le fossé entre le public québécois et son cinéma semblait si profond qu'on aurait pu croire que rien ne pourrait le remplir. En conséquence, il est intéressant d'observer les années subséquentes à travers le prisme des rapports qu'entretiennent la cinématographie québécoise et son public. En effet, la question de la fréquentation des films deviendra cruciale à un point tel qu'on aura bientôt l'impression qu'elle monopolise l'ensemble de l'espace de réflexion.

La télévision, des superproductions aux modestes téléfilms

En s'alliant à la télévision, l'industrie cinématographique s'assure un maximum de visibilité. Dans l'esprit des organismes de financement, mieux vaut éviter à tout prix le risque qu'un film passe complètement inaperçu, quitte à sacrifier pour cela quelques projets singuliers destinés à enrichir la cinématographie québécoise. En se garantissant à l'avance, par la participation de la télévision au financement du film, une programmation aux heures de grande écoute, on rejoint du même coup un public de quelques centaines de milliers de spectateurs. Ce raisonnement officieux ou officiel, selon les années et les organismes, a longtemps fait des télédiffuseurs les « déclencheurs » permettant la concrétisation de nombreux projets de film.

Au cœur de la traversée du désert du début de la décennie 1980 émerge un nouveau phénomène : les superproductions dont on tire simultanément un long métrage destiné aux salles et une série télévisée. Nécessitant un gros budget (4,8 millions de dollars pour *Les Plouffe* et 4,6 millions de dollars pour *Maria Chapdelaine*, deux films de Gilles Carle, 1981 et 1983), ces productions se justifient de plusieurs façons. Elles contribuent à redorer l'image du cinéma québécois aux yeux du public, elles peuvent être exploitées sur plusieurs marchés, elles font l'unanimité chez les investisseurs à cause de leur aura culturelle et, de plus, elles font miroiter la possibilité d'une reconnaissance internationale.

Sur le plan strictement cinématographique, cependant, ces films constituent le plus souvent de cruels échecs. Car si *Les Plouffe* demeure un film honorable sur le plan artistique (malgré une progression dramatique en dents de scie), il n'en va pas de même des films suivants, maladroits condensés de séries télévisées. C'est le cas de *Bonheur d'occasion* (Claude Fournier, 1983), mais aussi du *Crime d'Ovide Plouffe* (Denys Arcand, 1984 ; les épisodes supplémentaires de la série télévisée seront signés Gilles Carle), du *Matou* (Jean Beaudin, 1985) et des deux longs métrages composant la fresque des *Tisserands du pouvoir* (Claude Fournier, 1989). Cette observation vaut aussi pour les coproductions du même type réalisées par des étrangers : *Au nom de tous les miens* (Robert Enrico, 1983), *Louisiane* (Philippe de Broca, 1984) et *Le Sang des autres* (Claude Chabrol, 1984).

Ces superproductions contribuent largement à accentuer l'inflation galopante qui frappe le cinéma québécois depuis le milieu des années 1970. Des équipes de tournage de plus en plus importantes, une division du travail qui se précise et des modes de production de plus en plus calqués sur la façon de faire américaine font augmenter les coûts de façon astronomique. Ce mouvement de l'industrie se fait sentir dans l'ensemble de la production, qu'il s'agisse du cinéma ouvertement commercial ou du cinéma dit « d'auteur ».

On commence alors à parler du cinéma québécois « à l'heure internationale », euphémisme qui, sous couvert de mondialisation des marchés, désigne plutôt un cinéma correspondant aux principales normes esthétiques de la télévision : épuration de la langue parlée par les personnages, imagerie conforme à « une certaine idée de la beauté », etc.

À partir du milieu de la décennie 1980 va se propager un nouveau type de production, influencé par le rôle moteur que joue désormais la télévision. C'est alors la vogue des téléfilms. Fait intéressant, la plupart de ces films ne se distinguent du reste de la production que par la modicité de leur budget. En effet, *T'es belle, Jeanne* (Robert Ménard, 1988), *Les Noces de papier* (Michel Brault, 1989) et *Cuervo* (Carlos Ferrand, 1990) ne sont pas moins cinématographiques que la majorité des longs métrages québécois destinés aux salles. Mais si ces films tournés en 16 mm (alors que le 35 mm est devenu la norme dans l'industrie) coûtent moins d'un million de dollars, on ne peut en dire autant des films destinés aux salles, dont le budget moyen, à la fin des années 1980, oscille entre 2 et 2,5 millions de dollars. De là à conclure que plusieurs longs métrages tournés pour le grand écran constituent en fait des téléfilms de luxe, il n'y a qu'un pas. Évitons de le franchir et contentons-nous d'affirmer que la frontière entre la télévision et le cinéma s'est continuellement amenuisée, au Québec comme ailleurs, de sorte que l'étiquette de « téléfilm » a perdu sa signification.

Comment expliquer autrement que quelques-uns des meilleurs films de la décennie, à l'échelle mondiale, soient des productions télévisuelles : *La Vie de famille,* du Français Jacques Doillon (1985), la série *Le Décalogue,* du Polonais Krzystof Kieslowski (1988), *Après la répétition,* du Suédois Ingmar Bergman (1983), etc. ? Au Québec, un téléfilm comme *Sonia* (Paule Baillargeon, 1986, m.m.), qui traite des rapports entre une femme et sa mère atteinte de la maladie d'Alzheimer, a su rallier l'ensemble de la critique cinématographique par son traitement singulier, où le morcellement du récit parvient à évoquer subtilement les troubles de mémoire du personnage.

Inversement, ce que plusieurs reprochent à l'esthétique télévisuelle (prédominance du champ-contrechamp, musique omniprésente, etc.) se retrouve autant dans les films destinés aux salles que dans les téléfilms.

Dans ce contexte, une seule chose est sûre : le cloisonnement entre le cinéma et la télévision est pour une bonne part une illusion savamment entretenue. Il serait plus juste de considérer, au Québec comme dans beaucoup d'autres États, que l'ensemble de la production cinématographique est assujettie à certaines décisions prises par les télédiffuseurs.

Une certaine reprise du cinéma d'auteur

Dans le triste paysage du début de la décennie 1980, on voit tout de même quelques réussites, parmi lesquelles *Les Bons Débarras* (Francis Mankiewicz, 1980) et *L'Homme à tout faire* (Micheline Lanctôt, 1980). C'est vers le milieu des années 1980 que s'amorce la véritable reprise du cinéma d'auteur, qui, plus que jamais, refuse d'être maintenu en marge de l'industrie. Deux films annoncent cette reprise : *Sonatine* (Micheline Lanctôt, 1983), dont la qualité est unanimement reconnue malgré un échec commercial injustifié, et *La Femme de l'hôtel* (Léa Pool, 1984), chaleureusement accueilli tant par le public que par la critique.

À cette époque, la vogue des superproductions tend à s'estomper et l'industrie — réorganisée depuis peu avec la transformation de la SDICC en Téléfilm Canada et de l'IQC en SGC — semble prête à tourner la page. Le producteur Roger Frappier, alors à la tête du studio C de l'ONF, joue un rôle primordial dans la réorientation de la production. Il met sur pied un projet axé sur la réalisation de films d'auteur à petit budget (moins d'un million de dollars). De ce projet sortiront *Anne Trister* (Léa Pool, 1986) et, surtout, *Le Déclin de l'empire américain* (Denys Arcand, 1986). Succès mondial couronné de prix de toutes sortes, le long métrage d'Arcand fait la preuve que le film d'auteur demeure le meilleur moyen de donner une crédibilité économique et esthétique au cinéma québécois. Sur le plan thématique, le film illustre le désenchantement postréférendaire de la génération des *baby-boomers,* que traduit le déclin des grands projets sociaux au profit des plaisirs individuels.

Avec *Le Déclin de l'empire américain* s'impose un cinéma combinant les valeurs « auteur » et « commerce »[1]. À ce courant se joignent Léa Pool, Jean-Claude Lauzon (*Un zoo la nuit,* 1987), Yves Simoneau (*Pouvoir intime,* 1986), Pierre Falardeau (*Le Party,* 1990) et, tardivement, André Forcier (*Une histoire inventée,* 1990). Une telle mutation du cinéma d'auteur a des répercussions directes sur le coût des films. Ainsi, les films issus du projet de Roger Frappier (1986) dépassent largement la barre du million qu'on s'était fixée comme limite. *Le Déclin de l'empire américain,* film intimiste, sans scène d'action ou à grand déploiement, exige un budget de plus de 1,8 million de dollars, tandis que *Réjeanne Padovani* (1973), film comparable du même cinéaste, a coûté neuf fois moins cher.

Avec *Un zoo la nuit,* Jean-Claude Lauzon renchérit sur le succès du *Déclin de l'empire américain* et confirme le potentiel commercial de certains projets personnels. Dans ce *thriller* psychologique, Lauzon joue habilement la carte de la violence mêlée à la tendresse. Il raconte les retrouvailles d'un fils et de son père, reprenant à son compte une thématique présente dans le cinéma québécois des années 1970 : la quête du père, un univers sans femme, la chasse comme rituel masculin par excellence, etc.

Plus modeste, le succès des *Matins infidèles* (1989), de Jean Beaudry et François Bouvier, vient récompenser un travail original et signifiant. Ce film, qui relate l'amitié entre deux hommes partageant un projet artistique (un roman écrit par l'un d'eux à partir des photographies prises par l'autre), privilégie un ton intimiste et un style réaliste. Les réalisateurs intègrent d'ailleurs la réalité montréalaise dans leur fiction en plaçant leurs personnages en rapport direct avec cette réalité (les séquences montrant le marathon de Montréal, le festival de feux d'artifice, etc.).

Jésus de Montréal (1989), deuxième grand succès de Denys Arcand, est une tragi-comédie dans laquelle une troupe de jeunes comédiens s'inspire librement de la passion

---

1. Michel Beauchamp, « La Décennie événement », *24 images,* nº 47, p. 41.

du Christ pour monter une pièce de théâtre. Le cinéaste y propose une vision du monde cynique, constatant la victoire du mercantilisme sur l'art. La mise en scène d'Arcand, moins sobre que dans ses films précédents, témoigne des moyens dont il dispose désormais (le film a coûté plus de quatre millions de dollars), mais elle laisse assez peu de place à l'audace. En fait, le film repose avant tout sur un scénario astucieux tourné avec un savoir-faire évident.

Trois pommes à côté du sommeil (1989), de Jacques Leduc, privilégie aussi un rapport avec le réel qui est très étroit. Comme dans plusieurs autres films du cinéaste, de constantes préoccupations sociopolitiques s'y doublent d'une réflexion complexe sur l'interaction entre le cinéma et le vécu, la fiction et le documentaire. Il en résulte un film audacieux sur les plans temporel et spatial : on y découvre un homme qui, le jour où il fête ses 40 ans, se souvient des femmes qu'il a aimées et qui remet en question toute sa vie.

Film tonitruant, *Le Party,* de Pierre Falardeau, propose une incursion dans le milieu carcéral à l'occasion d'une soirée organisée par les détenus. Alternant le comique et le tragique et adoptant une démarche sociologique qui ne va pas sans ambiguïtés, Falardeau poursuit le travail de critique et d'illustration sociales amorcé avec *Elvis Gratton* (coréalisateur : Julien Poulin, 1981, c.m.). Falardeau se consacrera ensuite d'une manière plutôt heureuse à des huis clos historiques aux partis pris nets : *Octobre* (1994), film sur l'enlèvement de Pierre Laporte, et *15 février 1839* (2000), qui traite de l'exécution des Patriotes.

La qualité québécoise

Résultat de l'industrialisation croissante de notre cinéma, la qualité québécoise s'est imposée tout au long de la décennie 1980. Ce terme de « qualité québécoise » — employé ici en référence à la qualité française que fustigeait Françcis Truffaut à l'aube de la Nouvelle Vague — désigne l'hyperprofessionnalisme qui sert souvent à masquer l'absence de sujet, d'inspiration et de réel projet de mise en scène. Car si les films des années 1970 se distinguaient souvent par leur imperfection technique, par les maladresses qui parfois leur ajoutaient un certain charme, les films réalisés après 1980 sont pour la plupart bien « mis en boîte », parfaitement léchés et tout à fait conformes à « l'internationale esthétique ».

Ainsi, le moindre film issu des cadres de l'industrie tente de faire illusion sur sa qualité ; désormais, les ratages les plus évidents ont le glacis des luxueuses productions. C'est le cas, par exemple, de films prétentieux comme *Claire… cette nuit et demain* (Nardo Castillo, 1986), *Exit* (Robert Ménard, 1986) et *Laura Laur* (Brigitte Sauriol, 1989), ersatz de films d'auteur qui dissimulent mal leur vacuité. Leur échec, tant auprès de la critique que du public, prouve que tous ne sont pas dupes.

La voie du succès

Le cinéma strictement commercial, quant à lui, tarde à donner des résultats et à retrouver l'allant qu'il avait durant la première moitié des années 1970. Il faut, en effet, attendre l'épuisement de la vogue des superproductions pour le voir reprendre son envol. Avant cela, quelques cinéastes s'y cassent les dents : Danielle J. Suissa (*The Morning Man,* 1986), François Labonté (*Henri,* 1986 ; *Gaspard et fils,* 1988), etc.

Trois comédies, pratiquement les premières à occuper les écrans depuis l'extinction du genre au milieu des années 1970, rallient d'abord le public : *Cruising Bar* (Robert Ménard, 1989), *Comment faire l'amour avec un nègre sans se fatiguer* (Jacques Wilbrod Benoît, 1989) et *Ding et Dong, le film* (Alain Chartrand, 1990). À mi-chemin entre la comédie et la science-fiction, *Dans le ventre du dragon* (Yves Simoneau, 1989) remporte aussi un succès public impressionnant. Ces films aux qualités cinématographiques douteuses instaurent une tendance qui marquera les années subséquentes.

Impossible, enfin, de parler du cinéma commercial sans souligner l'importance prise, au cours de la décennie 1980, par le cinéma pour enfants. Empruntant la voie tracée par Bernard Gosselin (*Le Martien de Noël,* 1970) et André Melançon (*Comme les six doigts de la main,* 1978), le producteur Rock Demers inaugure la série « Contes pour tous », qui connaîtra beaucoup de succès. Entre 1984 et 1991, une douzaine de films, de valeur très inégale, sont lancés. André Melançon, bénéficiant de sa vaste expérience de travail avec les enfants (il tourne avec des enfants acteurs depuis 1974), réalise les deux meilleurs films de la série : *La Guerre des tuques* (1984), fable hivernale antimilitariste, et *Bach et Bottine* (1986), où une orpheline fantasque parvient à gagner le cœur d'un oncle passionné de musique et de tranquillité. L'engouement pour les « Contes pour tous », s'il tend à s'estomper avec les années, demeure tout de même un phénomène unique dans les annales de la production québécoise.

Les dépouilles du cinéma artisanal

L'industrialisation du cinéma québécois a forcément nui au cinéma artisanal, c'est-à-dire aux films tournés sans moyens, de façon bénévole et souvent clandestine, par des cinéastes n'ayant pas, le plus souvent, un statut professionnel. Au cours des décennies 1960 et 1970, ce genre de production a permis à de très jeunes réalisateurs de signer un premier long métrage (Denys Arcand, Denis Héroux, Jean Pierre Lefebvre, André Forcier et Pierre Harel). Dans les années 1980, moins de cinéastes arrivent à tourner un premier film de façon artisanale et, généralement, ceux qui le font sont plus âgés. Jean Beaudry et François Bouvier ont respectivement 37 et 36 ans lorsqu'ils terminent *Jacques et Novembre* (1984), tandis que Pierre Goupil a 35 ans lorsqu'il met la dernière main à *Celui qui voit les heures* (1985). Léa Pool fait figure d'exception dans ce portrait, puisqu'elle atteint à peine la trentaine quand elle termine *Strass Café* (1980). L'explication de ce phénomène réside en partie dans l'industrialisation croissante du cinéma québécois et dans la méfiance que nourrissent les divers organismes de financement envers le cinéma artisanal. Dans un contexte aussi difficile, il est nécessaire de bien connaître le milieu et ses rouages afin de mener à terme un projet de long métrage artisanal. Il est donc souvent essentiel de graviter un certain temps autour du milieu du cinéma avant de s'attaquer à une telle entreprise.

Après 1980, ce sont les jeunes cinéastes anglophones qui réalisent la plupart des longs métrages artisanaux (principalement dans le cadre de la coopérative de production Main-Film). Du côté francophone, peu de titres méritent une attention particulière : *Jacques et Novembre, Celui qui voit les heures* et *La Liberté d'une statue* (Olivier Asselin, 1990) comptent parmi ceux-là.

Avec *Jacques et Novembre,* Jean Beaudry et François Bouvier signent un film déconcertant. Racontant l'histoire d'un jeune homme atteint d'un cancer, ce film est en grande partie composé d'un journal intime enregistré sur vidéo. Ce dispositif narratif produit un effet de réel fascinant, que vient accentuer le jeu sans fard des comédiens (parmi lesquels on compte le réalisateur Jean Beaudry, dans le rôle-titre). On peut ainsi voir dans *Jacques et Novembre* le prolongement de la « pollinisation » de la fiction par le cinéma direct.

Celui qui voit les heures, de Pierre Goupil, est une fiction largement autobiographique narrant les déboires d'un jeune cinéaste incapable de produire son film. Favorisant une approche crue de la vie quotidienne, *Celui qui voit les heures* se distingue par un travail photographique soigné qui vient transcender la réalité filmée. Réalisé après *Robert N.* (1979, c.m.), il confirme le réel tempérament de cinéaste de Pierre Goupil.

Terminé au moment où le processus d'industrialisation est presque achevé, *La Liberté d'une statue,* d'Olivier Asselin, s'affirme comme une sorte de pavé dans la mare du cinéma québécois. Tourné en noir et blanc dans des conditions d'extrême pauvreté, ce long métrage orchestre un jeu stimulant qui prend pour thème le cinéma. Le récit s'organise sur deux niveaux, à partir d'un procédé simple mais ingénieux : dans une cabine de projection, un professeur et son assistante assurent la sonorisation d'un film composé de fragments de pellicule datant du début du siècle. L'histoire racontée par ce vieux film (sorte de pastiche de l'invention du cinéma baignant dans un climat absurde proche de Beckett) se double de l'entreprise de séduction que le professeur mène auprès de son assistante.

À ces films exemplaires s'ajoutent quelques autres titres significatifs. D'abord, la trilogie de Claude Fortin (*Le Voleur de caméra,* 1992 ; *L'Autobiographe amateur,* 1999 ; *100 % bio,* 2003), dans laquelle le cinéaste aborde sa condition et son rapport avec le milieu du cinéma. Ensuite, *Ruth* (François Delisle, 1994), film âpre sur le désenchantement d'une jeune femme ; *Deux actrices* (Micheline Lanctôt, 1993), « film dispositif » cruel où le spectateur suit en parallèle deux comédiennes qui, en atelier, apprennent à connaître les personnages de la fiction que ledit spectateur est en train de voir ; *Ma voisine danse le ska* (Nathalie St-Pierre, 2003), attachante comédie sentimentale sur fond de solitude urbaine ; *Les États nordiques* (Denis Côté, 2005), fiction opaque assumant ses racines documentaires et proposant un regard attentif sur un territoire négligé par le cinéma québécois ; et *Le Père de Gracile* (Lucie Lambert, 2004), curieuse expérience d'imbrication du documentaire avec la fiction qui, si elle reste inaboutie, n'en est pas moins stimulante.

CHAPITRE 10

Documentaire en crise, documentaire d'auteur

Le réalignement de l'industrie cinématographique selon deux pôles — la télévision et le long métrage de fiction — a laissé le documentaire en crise au début de la décennie 1980. En effet, le fonctionnement de Téléfilm Canada, organisme créé en 1983, expose clairement le problème : les fonds que cet organisme consacre aux longs métrages sont réservés aux films de fiction. Cela revient à dire que dans le langage de Téléfilm Canada, principal bailleur de fonds de l'industrie, les documentaires, quel que soit leur format (court, moyen ou long métrage), sont assimilés à des émissions de télévision.

Considérer le documentaire comme une émission de télévision équivaut à donner les pleins pouvoirs aux télédiffuseurs pour la sélection et l'orientation des projets qui arrivent à l'étape de la production. Dans les faits, le contrôle exercé par la télévision a contribué, au cours des années, à un assagissement des pratiques documentaires : des documentaires scénarisés sont exigés (ce qui relègue aux oubliettes le cinéma direct pur), le reportage « objectif » est privilégié et la lourdeur de l'appareil bureaucratique qu'il faut affronter pour obtenir un financement empêche les cinéastes de réagir directement à l'actualité (ce qui favorise la disparition d'un certain cinéma militant).

À ces problèmes de production s'ajoute la difficulté de

programmer tout documentaire en salles commerciales, difficulté dont les conséquences sont aggravées par la disparition progressive des salles de répertoire et des salles d'art et d'essai, de même que par l'effritement du circuit des salles parallèles (en 1980, on compte 92 salles non commerciales, ciné-clubs, etc. ; en 1987, il n'y en a plus que 40, et l'érosion de ce circuit se poursuivra lentement au cours des années suivantes). L'utilisation systématique de la vidéo pour le tournage des documentaires, à partir du milieu de la décennie 1990, vient accentuer les problèmes de diffusion.

Contre toute attente, on dénote, au début de la décennie 2000, un regain d'intérêt pour le documentaire présenté en salles commerciales. Les énormes succès que remportent les pamphlets de l'Américain Michael Moore (*Bowling for Columbine,* 2001 ; *Fahrenheit 9/11,* 2004) et la chronique scolaire du Français Nicolas Philibert (*Être et avoir,* 2002) ouvrent la voie à d'autres belles réalisations, comme celles de *Roger Toupin, épicier variété* (Benoît Pilon, 2003) et de *Ce qu'il reste de nous* (Hugo Latulippe et François Prévost, 2004).

La fiction comme maquillage

La crise du documentaire qui marque le début de la décennie 1980, liée à la tendance au métissage qui se généralise alors dans l'ensemble de la production cinématographique mondiale, incite les documentaristes québécois à revoir les enjeux esthétiques qui prévalaient dans le documentaire depuis l'émergence du cinéma direct. Ainsi, dans les années 1980, de nouvelles voies sont explorées et les œuvres de cinéma direct pur deviennent de plus en plus rares. Cette décennie voit naître de nombreuses œuvres hybrides, presque à mi-chemin entre le documentaire et la fiction. Parmi celles-ci, *Le Million tout-puissant* (1985), de Michel Moreau, *Passiflora* (1985), de Fernand Bélanger et Dagmar Guissaz-Teufel, *La Guerre oubliée* (1988), de Richard Boutet, *La Peau et les Os* (1988), de Johanne Prégent, et *Les Trois Montréal de Michel Tremblay* (1989, m.m.), de Michel Moreau, représentent quelques tentatives particulièrement signifiantes.

Dans un numéro de la revue *Copie Zéro* datant de 1986[1], Michel Moreau, l'un des piliers du documentaire de la décennie précédente, exprime clairement ses doutes quant à la force du documentaire et à son pouvoir de persuasion :

> En fiction, on peut avoir des sentiments plus violents [qu'en documentaire], les personnages peuvent dire avec plus d'éclat et plus de violence leurs émotions. […] J'ai conscience d'avoir en documentaire des moyens réduits pour exprimer cette souffrance. […] Il y a aussi à l'intérieur de moi un sentiment d'impuissance, plutôt de limitation, que je sens très fort. […] En direct, même avec des mises en situation réussies, certains gestes, certaines expressions passent inaperçus pour la moitié des spectateurs ; le documentaire propose des signes discrets, faibles. Il exige beaucoup de vigilance. Le son, le montage, l'image gelée et… la fiction permettent d'accentuer ces moments.

Révélateur des angoisses du cinéaste, *Le Million tout-puissant* est un film dans lequel le documentaire est mis entre parenthèses, presque camouflé par la fiction. Moreau y utilise la fiction comme s'il s'agissait d'un cadre, créant trois personnages dont celui d'un détective privé interprété par Jean-Guy Moreau, qui mène une enquête sur les millionnaires de la loterie. Ce même outil d'enquête fictive est utilisé par Yves Simoneau lorsqu'il réalise *Pourquoi l'étrange Monsieur Zolock s'intéressait-il tant à la bande dessinée ?* (1983) et par Yves Fortin quand il signe *Voyage au cœur des ondes* (1985, m.m.). Presque aussi vieilles que le cinéma parlant (on a vu, notamment, des cinéastes français les utiliser dans les années 1940), de telles structures narratives placent la fiction à un premier niveau et le documentaire à un second, même si l'essentiel de leur contenu est documentaire ; en conséquence, elles souffrent d'un aspect fondamentalement artificiel et leur emploi témoigne souvent de la difficulté d'assu-

---

1. Michel Euvrard, « Je suis jumeau mais je me soigne », *24 images,* n° 43, p. 56.

mer, dans le contexte actuel du marché, la prédominance du matériel documentaire.

Les interrogations et les doutes exprimés par Michel Moreau de même que la nécessité qu'il ressent de sortir des cadres du direct illustrent, consciemment ou non, la majorité des documentaires réalisés au milieu de la décennie 1980. La fiction est ainsi utilisée de diverses façons par les cinéastes ; dans « *Quel numéro what number ?* » (1985), par exemple, Sophie Bissonnette utilise une chanson satirique improvisée par un groupe de caissières et un sketch dans lequel des téléphonistes miment leur vie quotidienne pour aborder les répercussions de l'arrivée de l'ordinateur au travail. Dans *Caffè Italia Montréal* (1985), Paul Tana complète son portrait de la communauté italienne montréalaise par une série de sketches et des extraits d'une pièce de théâtre ; dans *Marc-Aurèle Fortin (1888-1970)* (1983) et *Pellan* (1986), biographies de deux grands peintres québécois, André Gladu intègre plusieurs scènes de fiction qui servent de complement aux séquences documentaires. De manière semblable, Fernand Bélanger et Dagmar Guissaz-Teufel enchevêtrent fiction et documentaire dans *Passiflora* et montrent en quoi les visites à Montréal, presque simultanées, du pape Jean-Paul II et du *rocker* Michael Jackson ont une forte incidence sur la vie de quelques citoyens marginaux. Dans *Les Trois Montréal de Michel Tremblay,* Michel Moreau trace le portrait du célèbre écrivain, mais il utilise aussi la fiction pour en présenter l'univers. Cela sans oublier *Mémoire battante* (1983), d'Arthur Lamothe, documentaire sur les Amérindiens dans lequel Gabriel Arcand incarne un missionnaire jésuite, ni *Oscar Thiffault* (1987), de Serge Giguère, qui utilise la fiction comme révélateur de l'humour et de la poésie naïve et fantaisiste du célèbre chanteur populaire, ni non plus *La Guerre oubliée,* de Richard Boutet, dans lequel Joe Bocan campe une Madelon mythique qui chante et assure les liens entre les séquences.

Un cinéma à la première personne

La présence de plus en plus importante de la fiction a largement contribué à un glissement du documentaire (du moins, de ses forces les plus vives) vers ce que l'on pourrait appeler l'essai cinématographique (en référence à l'essai littéraire), c'est-à-dire un cinéma de facture très libre et d'emblée subjectif. Ainsi, parallèlement à l'intégration de la fiction dans le documentaire, ce dernier s'est parfois affirmé avec de plus en plus de prégnance comme le lieu de l'élaboration d'un langage personnel. Les exemples les plus extrêmes de cette tendance sont, sans contredit, *Journal inachevé* (1982, m.m.), de Marilù Mallet, et *Voyage en Amérique avec un cheval emprunté* (1987, m.m.), de Jean Chabot.

Film complexe, ni documentaire ni fiction, *Journal inachevé* se rapproche du journal ou des mémoires. Dans cette trame autobiographique, la réalisatrice tient son propre rôle et refuse toute forme convenue de narration pour trouver une forme singulière dans la difficulté de dire son expérience, sa vie, ses désirs.

Quant à Jean Chabot, dans *Voyage en Amérique avec un cheval emprunté,* il exprime l'angoisse de voir la nation québécoise disparaître, angoisse catalysée par la naissance prochaine de l'enfant du cinéaste. Le film devient alors l'exploration d'un territoire (physique et intérieur), l'expression d'une inquiétude. Refusant d'enseigner, d'enquêter ou de raconter, *Voyage en Amérique avec un cheval emprunté* associe librement les images d'une errance à un texte poétique ; cette association met en valeur le monde de l'émotion, de la sensation et de l'impression davantage que celui de la réflexion. En 1995, Chabot poursuivra sa démarche avec *Sans raison apparente* (m.m.), dans lequel la fascination pour les faits divers sert de point de départ à un examen de la société contemporaine.

Dans le sillage de ces expériences uniques, plusieurs documentaires plus conformes aux normes esthétiques établies laissent tout de même entendre une voix qui parle à la première personne et qui réclame le droit à la subjectivité. Dans cette optique, plusieurs cinéastes vont se mettre eux-mêmes en scène pour s'expliquer, pour donner d'emblée l'heure juste sur le sens et l'orientation de leur regard. Dans « *Quel numéro what number ?* », on entend Sophie Bissonnette intervenir en voix hors champ sans craindre de dire « je » ; dans *Mémoire battante,* on voit Arthur Lamothe expliquer sa démarche auprès des Amérindiens ; dans *Chronique d'un temps flou* (1988), Sylvie Groulx affirme que les rapports qu'elle entretient avec son propre fils ont motivé son enquête sur la jeunesse ; dans *Liberty Street Blues* (1988), André Gladu, une fois arrivé à La Nouvelle-Orléans pour y enquêter sur le jazz, se souvient de sa jeunesse et des rythmes qui l'ont fait danser ; enfin, dans *Un soleil entre deux nuages* (1988, m.m.), Marquise Lepage fait le lien entre la mort de son père et sa recherche auprès des enfants malades.

À la fois différent et semblable à eux, Jacques Godbout, cinéaste et écrivain, signe avec *Alias Will James* (1988) un commentaire personnel et fort qu'il lit lui-même, insistant ainsi sur le parallèle à établir entre sa propre quête de l'Amérique (qui transparaît dans plusieurs de ses films et de ses livres) et celle de l'écrivain et dessinateur Ernest Dufault, qui s'expatria aux États-Unis, devint un cow-boy, changea d'identité et mourut célèbre sous le pseudonyme de Will James.

Quand ils mettent leur regard au premier plan, qu'ils se placent entre la caméra et le sujet abordé et qu'ils intègrent des séquences de fiction, les documentaristes des années 1980 donnent la parole à des personnages — qui s'expriment en leur nom ou complètent les éléments documentaires de leurs films par des reconstitutions — et refusent catégoriquement de prétendre à l'objectivité, mythe qui a volé en éclats à l'apparition du cinéma direct. C'est donc par le biais de ces procédés que se prolonge une part de l'esprit des pionniers du direct, qui s'opposaient au ton didactique omniscient du documentaire classique.

Vers un documentaire d'auteur

Il faut cependant attendre les changements technologiques survenus au cours de la décennie 1990 pour que réapparaisse une pratique documentaire plus libre et plus diversifiée. En effet, le passage à la vidéo numérique offre la possibilité d'une démocratisation des moyens de production qui permet à un plus grand nombre de cinéastes de réaliser des films à l'extérieur des paramètres fixés par les impératifs du marché. On peut donc dire que la production indépendante, mise à mal au cours de la décennie 1980, retrouvera une activité et une vigueur importantes au cours des années qui suivront. Il est aussi utile de préciser que, tout au long de cette période, l'ONF connaîtra ses propres moments charnières mais que la production s'y poursuivra, somme toute assez représentative de l'état général de la production de documentaires au Québec.

Cependant, l'utilisation d'une même technologie, le recours aux mêmes sources de financement et l'usage des mêmes créneaux de diffusion rendent de plus en plus difficile la distinction entre le documentaire d'auteur et les reportages télévisuels. On aurait toutefois tort d'éluder la question et de ne pas chercher à distinguer le documentaire d'auteur du reste de la production.

Chacun sait que, contrairement au cinéma de fiction, qui occupe un large territoire allant du naturalisme aux représentations imaginaires les plus affirmées, le documentaire se définit par l'étroitesse de son rapport avec le réel. Le documentaire est d'abord et avant tout un discours sur le réel ou à partir de celui-ci. Or, à l'intérieur du genre documentaire, la production d'auteur se distingue par la présence affirmée du cinéaste au cœur de ce qui fonde l'esthétique du film. Sans élaborer une typologie complète des divers visages du documentaire d'auteur, avançons tout de même que cette présence du cinéaste est principalement reconnaissable de quatre façons : par la singularité de l'écriture cinématographique, par une approche poétique de la réalité, par une approche engagée de la réalité, par le recours à l'expérience intime du cinéaste. C'est donc à partir de ces éléments qu'il est possible de mesurer la vitalité du documentaire d'auteur au sein d'une cinématographie.

Une écriture singulière

La singularité de l'écriture cinématographique est d'évidence un élément majeur caractérisant le film d'auteur. En effet, dans ce type de cinéma, la mise en images et en sons occupe une place prépondérante et on reconnaît le véritable cinéaste à sa signature. Ainsi, tous les auteurs se singularisent d'une façon ou d'une autre, mais certains le font avec plus de panache. Les plus anciens citeraient Pierre Perrault, Gilles Groulx ou même Georges Dufaux, dont les séquences filmiques ne sauraient être confondues avec celles d'aucun autre cinéaste. Quant au documentaire québécois récent, on citera plutôt Serge Giguère et la gouaille avec laquelle il construit d'émouvants portraits de personnages pittoresques : *Oscar Thiffault* (1987), *Le gars qui chante sua jobbe* (1988), *Le Roi du drum* (1991), *9, Saint-Augustin* (1995) et *Le Reel du mégaphone* (1999).

Dans un registre différent mais tout aussi affirmé, Bernard Émond livre plusieurs films qui se démarquent par l'intelligence et la sensibilité de leur construction. Parmi ceux-ci, *Ceux qui ont le pas léger meurent sans laisser de traces* (1992), dans lequel le cinéaste s'intéresse à la mort d'un quidam, s'impose par l'originalité de son discours et sa richesse formelle. Parmi les autres cinéastes dont on remarque la qualité de l'écriture filmique, signalons Sylvain L'Espérance, qui, dans *Les Printemps incertains* (1992, c.m.), se montre préoccupé par les questions tant sociales que formelles et qui n'hésite pas à recourir au passage à certains effets proches du cinéma expérimental, ou encore, Catherine Martin, qui, dans *Les Dames du 9ᵉ* (1998), utilise une délicate narration en voix hors champ pour présenter les relations entre les serveuses et les clientes du célèbre restaurant du grand magasin Eaton. Enfin, il serait dommage de passer sous silence le subtil *Gabrielle Roy, un documentaire* (1997), dans lequel Léa Pool réinterprète les codes du portrait filmique à la lumière de ses propres préoccupations formelles et thématiques.

Une poétique du réel

Plusieurs cinéastes parmi les plus stimulants que compte actuellement le Québec se distinguent par la façon dont ils « poétisent » le réel, au point même où leur cinéma pose parfois la question du sujet avec beaucoup d'acuité. C'est que, dans le reportage traditionnel, le sujet est posé d'emblée pour être ensuite développé sous une forme apparentée à la dissertation, tandis que, dans le documentaire poétique, le sujet devient prétexte à une écriture filmique, il constitue le point de départ d'une pensée qui s'organise non pas « sur » le sujet mais plutôt « à partir » du sujet, un peu comme ce que l'on trouve dans l'essai littéraire. Il devient donc impossible, dans ce type de film, d'isoler le sujet du film lui-même. Ici, donc, la notion d'auteur trouve son sens dans l'unicité du regard du cinéaste et la liberté avec laquelle il organise le matériel filmé. *Paysage sous les paupières* (1995), un remarquable essai de Lucie Lambert à propos de quelques individus appartenant à une petite communauté de la Côte-Nord, offre un excellent exemple de documentaire poétique. Ici, le sujet s'efface derrière la qualité du regard, l'observation directe du monde devient un enjeu et la poésie jaillit de l'attention que la cinéaste porte aux gens et aux choses. Lucie Lambert récidive en 1999 avec *Avant le jour,* où la beauté simple du filmage transcende de nouveau la réalité d'une communauté isolée. On pourrait aussi rattacher à cet ensemble les deux longs métrages de Benoît Pilon, *Rosaire et la Petite-Nation* (1998) et *Roger Toupin : épicier variété,* deux chroniques gravitant autour de gens simples que le cinéaste observe sur de très longues périodes. Dans ces deux films à la fois drôles et graves, Pilon s'attarde à la tranquille disparition d'un monde anachronique, filmant avec finesse et doigté une lente entropie.

Un regard engagé

Dans la foulée des films produits à l'époque de Société nouvelle, de nombreux documentaires témoignent encore aujourd'hui de l'engagement social et politique de leurs auteurs. Citons deux cas célèbres : *L'Erreur boréale,* de Richard Desjardins et Robert Monderie, et *Bacon, le film,* d'Hugo Latulippe (2001). Ces documentaires produits à l'ONF, l'un portant sur la déforestation, l'autre sur les problèmes écologiques liés à l'implantation de mégaporcheries, ont suscité des polémiques partout au Québec pour ainsi contribuer à éveiller les consciences.

Réalisé par Hugo Latulippe et François Prévost à la suite

d'une série de séjours au Tibet, *Ce qu'il reste de nous* (2004) présente la digne résistance d'un peuple tibétain à l'aide d'un dispositif touchant qui consiste à montrer à des habitants du Tibet une allocution du Dalaï-Lama enregistrée sur vidéo.

D'autres films accueillis de façon moins spectaculaire s'inscrivent dans ce courant important : *Un syndicat avec ça ?* (1999), où Magnus Isacsson aborde les tentatives de syndicalisation des employés des restaurants McDonald's au Québec, *À l'ombre d'Hollywood* (1999), où Sylvie Groulx jette un regard critique sur la mondialisation qui touche l'industrie cinématographique, *Urgence ! Deuxième souffle* (1999), où Tahani Rached se livre à une description détaillée du travail d'un groupe d'infirmières, et *À hauteur d'homme* (2003), où Jean-Claude Labrecque trace le portrait de Bernard Landry en pleine campagne électorale.

L'expérience intime

Ferment majeur de la création cinématographique, l'expérience intime est au cœur d'une grande quantité de documentaires d'auteur. On a vu ce courant prendre forme autour des premières manifestations du cinéma féministe au Québec (*De mère en fille,* d'Anne Claire Poirier), pour se solidifier au début de la décennie 1980 avec des films comme *Journal inachevé,* de Marilù Mallet. Même Jacques Godbout, cinéaste pourtant pudique et intellectuel, y aura recours dans ce qui reste ses meilleurs films : *Alias Will James* (1988) et surtout *Traître ou patriote* (2000), film dans lequel il analyse le phénomène d'amnésie collective au sujet du rôle du premier ministre Adélard Godbout, qui fut au fait son grand-oncle.

Le chanteur Dan Bigras, pour son premier film, *Le Ring intérieur* (2002), puisera dans son expérience personnelle pour amener le spectateur dans l'univers d'hommes qui gèrent leur colère par la pratique de sports de combat. Anne Claire Poirier, dans *Tu as crié LET ME GO* (1997), parlera sobrement mais avec franchise de la mort tragique de sa fille, jeune toxicomane prostituée qui a été assassinée en 1995. Pierre Sidaoui, en signant *Comme une odeur de menthe* (2003, m.m.), parlera de ses racines libanaises. Andrée-Line Beauparlant, dans *Trois princesses pour Roland* (2001), tracera le portrait sans complaisance de trois femmes de sa famille qui ont été marquées tragiquement par la mort violente d'un homme. La même cinéaste reviendra, en 2004, avec *Le Petit Jésus,* où elle poursuit son travail d'introspection familiale avec un film centré sur son jeune frère lourdement handicapé.

Dans ce courant, on doit considérer l'exceptionnelle réussite du *Fil cassé* (2002, m.m.), de Michel Langlois, dans lequel le cinéaste, hanté par le fait qu'il rompt le fil des générations en n'ayant pas d'enfant, propose une troublante quête existentielle. Cinéaste inspiré, écrivain doué (le texte du film est une splendeur), Langlois convie le spectateur à une profonde réflexion sur l'appartenance de chaque individu à l'humanité.

La survivance d'un genre

Singularité, poésie, engagement, expérience intime : on trouve dans *Le Fil cassé* de Michel Langlois tous les éléments énumérés précédemment qui fondent le documentaire d'auteur. Comme si ce court film pouvait être affiché en symbole d'un genre de cinéma qui subsiste au Québec malgré la confusion des genres, malgré les difficultés de financement et de diffusion, malgré la fatigue politique qui peut résulter de la puissance de la mondialisation et du nivellement idéologique, malgré la frénésie contemporaine qui semble trop souvent exclure autant la poésie que la pensée.

CHAPITRE 11

L'ère de la performance

Au début de la décennie 2000, le débat qui passionne le milieu du cinéma québécois concerne un changement important apporté aux politiques de Téléfilm Canada. L'organisme fédéral, répondant aux désirs de plusieurs producteurs et distributeurs qui exigent davantage de continuité, introduit dans son discours et ses décisions la notion de performance.

Téléfilm souhaite que le degré de fréquentation des salles, pour le cinéma canadien, atteigne 5 % du total des entrées, objectif difficile à atteindre étant donné les résultats invariablement décevants de la production anglo-canadienne, qui récolte environ 1 % des entrées sur son propre marché.

On voit ainsi apparaître les enveloppes liées à la performance, que Téléfilm Canada distribue aux sociétés ayant cumulé les meilleurs résultats. Ces enveloppes offrent à ces sociétés l'autonomie et la sécurité qu'elles réclamaient depuis longtemps. Elles constituent aussi une importante incitation à choisir les projets en fonction de leur potentiel commercial, parfois au détriment de la qualité artistique.

C'est du moins le discours auquel adhèrent plusieurs cinéastes qui y voient un danger imminent pour la survie du cinéma d'auteur. Les défenseurs des enveloppes liées à la performance s'empressent d'affirmer que la réussite commerciale de quelques *blockbusters* sert l'ensemble de la communauté cinématographique, puisque les films réputés plus difficiles sont entraînés dans leur sillage et voient ainsi leurs recettes augmenter. Précisons que, au moment où j'écris ces lignes, il est encore trop tôt pour vérifier la réalité de cet effet d'entraînement.

De telles discussions montrent bien à quel point le cinéma québécois a achevé son industrialisation et a procédé à une mise à niveau de ses pratiques économiques, qui lui permettent de tirer son épingle du jeu à l'ère de la mondialisation. La création, en 1999, de la Grande Nuit du cinéma, où sont remis annuellement les prix Jutra lors d'un gala télévisé, témoigne de la volonté de l'industrie de se donner les outils nécessaires pour rivaliser, sur la scène locale, avec le géant hollywoodien.

L'importance accordée aux campagnes de mise en marché des films, calquées sur les méthodes de marketing américaines, est un autre exemple du changement profond qui touche la cinématographie nationale.

Le rire rassembleur

La fin de la décennie 1980 avait été marquée par les succès commerciaux de quelques comédies (*Cruising Bar* ; *Ding et Dong, le film*) qui semblaient annoncer une nouvelle tendance. Celle-ci ne tardera pas à se confirmer avec le succès de films comme *La Florida* et *L'Homme idéal* (deux réalisations de George Mihalka, 1993 et 1996), *Karmina* (Gabriel Pelletier, 1996) et *Louis 19 le roi des ondes* (Michel Poulette, 1994), premier film québécois à avoir les honneurs d'un *remake* américain (*EDtv,* Ron Howard, 1999).

Le phénomène prend toutefois une nouvelle tournure en 1997, avec la sortie des *Boys* (Louis Saïa), dont le succès est sans précédent. Cette comédie centrée sur une équipe de hockey amateur amasse plus de 6 000 000 $ aux guichets et contribue à redéfinir l'échelle des possibilités commerciales offertes par un film québécois. Deux épisodes suivent (*Les Boys II* et *Les Boys III,* Louis Saïa, 1998 et 2001), qui ont un succès équivalent.

Les productions du genre se multiplient : *Les Boys* y compris, 14 des 20 films québécois ayant amassé le plus de recettes en salles commerciales sont des comédies réalisées entre 1997 et 2004[1].

Rares sont cependant les films qui suscitent chez la critique le même enthousiasme qu'auprès du public. Passons sur le cas de Denys Arcand, dont *Les Invasions barbares* (2003) n'est pas à proprement parler une comédie, malgré certaines scènes burlesques, d'ailleurs retirées du montage du film avant sa présentation à Cannes. L'exception qui confirme la règle s'intitule ici *La Grande Séduction* (Jean-François Pouliot, 2003), chaleureuse chronique dépeignant une petite communauté d'insulaires déterminés à se battre pour leur survie économique. Scénarisé par Ken Scott, qui a aussi écrit *La Vie après l'amour* (Gabriel Pelletier, 2000), *La Grande Séduction* vaut surtout par son habile transposition de questions à la fois actuelles et universelles : réalité des régions éloignées à l'ère de la mondialisation, pénurie de médecins en régions, dignité dans le travail, etc.

Le succès remporté par de nombreux films comiques peut laisser croire à l'infaillibilité de la recette, mais la bienveillance du public a des limites et quelques comédies en font l'expérience. Ainsi, *Angelo, Fredo et Roméo* (Pierre Plante, 1995), *Les Dangereux* (Louis Saïa, 2002) et *Vendus* (Éric Tessier, 2004) subissent des échecs retentissants.

L'humour s'exportant en général plutôt mal, les comédies québécoises traversent rarement les frontières, à l'exception de *La Grande Séduction,* qui a connu un succès d'estime dans quelques pays, et de *Mambo Italiano* (Émile Gaudreault, 2003), qui a notamment connu une carrière américaine respectable. Coscénariste de *Louis 19 le roi des ondes,* coscénariste et réalisateur de *Nuit de noces* (2001) et coscénariste

---

1. Chiffres fournis par Cineac, en date du 30 décembre 2004. Les 14 films sont : *La Grande Séduction, Les Boys, Les Boys II, Les Boys III, Camping sauvage, Elvis Gratton 2 — Miracle à Memphis, Mambo Italiano, La Vie après l'amour, Dans une galaxie près de chez vous, Nez rouge, C't'à ton tour Laura Cadieux, L'Odyssée d'Alice Tremblay, Nuit de noces* et *Elvis Gratton XXX.* Le film de Denys Arcand *Les Invasions barbares* — même si par certains aspects il appartient au genre comique — n'a pas été comptabilisé.

d'*Idole instantanée* (Yves Desgagné, 2005), Émile Gaudreault
est avec Ken Scott l'une des valeurs sûres de la comédie au
Québec.

La renaissance du film de genre

La nouvelle synchronie entre le cinéma québécois et son
public est à l'origine de la multiplication des films de genre :
horreur (*Sur le seuil,* Éric Tessier, 2003 ; *La Peau blanche,*
Daniel Roby, 2004 ; *Eternal,* Wilhelm Liebenberg et Federico
Sanchez, 2004) et suspense (*Liste noire,* Jean-Marc Vallée,
1995 ; *Le Dernier Souffle,* Richard Ciupka, 1999 ; *La Loi du
cochon,* Érik Canuel, 2001 ; *Le Collectionneur,* Jean Beaudin,
2002 ; *Le Dernier Tunnel,* Érik Canuel, 2004 ; *Elles étaient
cinq,* Ghyslaine Côté, 2004).

Si la prolifération de ce type de films, ainsi que le succès
de certains d'entre eux, est un phénomène nouveau, on
aurait cependant tort d'affirmer, comme plusieurs l'ont fait,
que ces longs métrages sont indissociables de la récente ma-
turité industrielle de la cinématographie québécoise. En effet,
le film de genre est présent depuis très longtemps dans le
cinéma québécois, Jean-Claude Lord ayant abordé le *thriller*
dès la décennie 1970 (*Bingo,* 1974 ; *Panique,* 1977) et Yves
Simoneau lui ayant emboîté le pas au cours de la décennie
suivante (*Les Yeux rouges ou les Vérités accidentelles,* 1982 ;
Pouvoir intime, 1986), sans compter les tentatives restées
sans suite de Jacques Godbout (*La Gammick,* 1974) et d'André Melançon (*Rafales,* 1990). Quant au film d'horreur, Jean
Beaudin s'y est risqué dès 1972 *(Le diable est parmi nous),*
sans oublier que David Cronenberg a tourné trois productions
québécoises — mais en anglais —, soit *Shivers* (1975), *Rabid*
(1976) et *Scanners* (1980).

Le film patrimonial

Les superproductions à sujet historique tournées au début
de la décennie 1980 *(Les Plouffe, Maria Chapdelaine, Bonheur*

d'occasion) n'avaient pas eu de postérité jusqu'à ce que *Séraphin — Un homme et son péché* (Charles Binamé, 2003) arrive sur les écrans. Cette histoire d'amour contrarié sur fond de colonisation au nord de Montréal devient rapidement le film québécois ayant amassé le plus de recettes aux guichets. On se souviendra que Paul Gury, à l'initiative du producteur Paul L'Anglais, avait déjà adapté le radioroman à succès de Claude-Henri Grignon en 1949. Une série télévisée sur le même sujet avait par la suite été diffusée à Radio-Canada de 1956 à 1970, marquant l'imaginaire des *baby-boomers* québécois. Le succès commercial du film, attribuable au recours à une mythologie profondément ancrée chez les spectateurs, est à l'origine de la prolifération des projets de type patrimonial, qui puisent à même le réservoir de mythes et de personnages légendaires québécois, par exemple : la Conquête (*Nouvelle-France,* Jean Beaudin, 2004), Alys Robi (*Ma vie en cinémascope,* Denise Filiatrault, 2004). *Monica la mitraille* (Pierre Houle, 2004), *Le Survenant* (Érik Canuel, 2005), *Aurore* (Luc Dionne, 2005) et *Maurice Richard* (Charles Binamé, 2005), notamment, se rangent dans cette catégorie.

Ces productions, parfois initiées par les distributeurs, toujours soutenues par une mécanique implacable de mise en marché et proposant des affiches débordantes de vedettes du petit écran, témoignent d'un réel savoir-faire de production et de distribution. La technique y est à point, le travail des acteurs souvent satisfaisant. La mise en scène cinématographique est cependant le point faible de la plupart de ces rutilantes machines à faire des entrées. On déplore en effet le manque d'inspiration dont souffrent *Nouvelle-France* et *Monica la mitraille,* deux œuvres platement mises en image, ou encore l'agitation qui tient lieu d'écriture filmique dans *Ma vie en cinémascope.* Quant à *Séraphin — Un homme et son péché,* sa facture sulpicienne révèle le savoir-faire de Charles Binamé, routier de la télévision et du cinéma.

Sur quelques auteurs

La dichotomie opposant cinéma d'auteur et cinéma commercial repose sur une approche manichéenne de la réalité autant que sur des considérations morales sous-tendant que l'artiste est corrompu par l'argent. Voilà pourquoi il s'agit d'un écueil à éviter. Le cas de Denys Arcand, auteur reconnu d'une œuvre majeure en même temps que réalisateur à succès, est, à l'échelle québécoise, l'exemple le plus éloquent de la nécessité de nuancer cette opposition.

Ainsi, parmi les cinéastes qui ont su, depuis 1990, se distinguer par leur univers singulier et leur approche du cinéma, on trouve quelques noms qui sont parvenus à rejoindre le public. C'est le cas notamment de Michel Jetté (*Hochelaga,* 2000 ; *Histoire de pen,* 2002), qui a su jeter un regard sensible sur des microcosmes masculins (les bandes de motards, la prison) en s'éloignant du romantisme viril de la violence et de l'honneur. C'est le cas aussi de Louis Bélanger (*Post mortem,* 1999 ; *Gaz Bar Blues,* 2003), qui se caractérise par sa scénarisation rigoureuse et sa direction d'acteurs assurée. C'est le cas enfin de Jean-Claude Lauzon, qui avec *Léolo* (1992), son deuxième et ultime long métrage, confirme les qualités d'*Un zoo la nuit.* Racontant l'histoire d'un enfant qui trouve dans le rêve un exutoire à sa réalité morbide, Lauzon se livre à un périlleux exercice de poésie où la violence, la drôlerie et le fantastique se fondent d'une manière originale. Jean-Claude Lauzon est décédé tragiquement en 1997 dans l'écrasement de son avion.

Arrivé au cinéma en 1995 avec *Le Confessionnal,* Robert Lepage est un metteur en scène de théâtre de renommée mondiale qui, depuis lors, a beaucoup tourné : *Le Polygraphe* (1996), *Nô* (1998), *Possible Worlds* (2000), *La Face cachée de la lune* (2003). À la fois ludique et formel, son cinéma est un tissu de références qui dénote autant une large culture et un sens tangible du tragique, qu'un goût affirmé pour la légèreté. Ainsi, on peut affirmer que Lepage aborde des sujets souvent graves avec une rapidité et un esprit de virtuose, ce qui a tendance à hypothéquer l'émotion. Citons en exemple *Le Confessionnal,* son meilleur film, dans lequel de terribles drames humains se jouent sous les apparences d'une réalité figée, tandis que le réalisateur met en place une structure brillante qui opère comme un palimpseste de *I Confess,* d'Alfred Hitchcock. Le travail cinématographique de Robert

Lepage, s'il reste honorable, n'a donc pas l'ampleur de son œuvre théâtrale.

En deux films de fiction dans lesquels il aborde le thème de l'alcoolisme — *La femme qui boit* (2000) et *20 h 17 rue Darling* (2003) —, Bernard Émond a imposé un style défini par une écriture exigeante et sans concession ainsi que par un travail patient et précis avec les acteurs. Sorti en 2005, *La Neuvaine* vient confirmer le talent de cet auteur rigoureux.

Quelques raisons d'espérer

Avec *Maelström* (2000), Denis Villeneuve réussit le pari de raconter avec style le désarroi d'une jeune femme d'affaires. Il marque ainsi un net progrès par rapport au languissant *Un 32 août sur terre* (1998). *Mariages* (Catherine Martin, 2001) est une œuvre solennelle et touchante, d'une grande beauté plastique, réalisée en dehors des modes et des courants. Catherine Martin y filme la passion charnelle avec retenue et intelligence, donnant des accents quasi bergmaniens à l'ensemble.

Inspiré par les œuvres de politique-fiction de la décennie 1970, Denis Chouinard signe, avec *L'Ange de goudron* (2001), un film généreux sur les malheurs d'une famille immigrante. Il reprend ainsi, sur un mode plus accessible, plusieurs des thèmes abordés dans *Clandestins* (1997), coréalisé avec le Suisse Nicolas Wadimoff.

D'abord connu pour ses courts métrages (*Les Fleurs magiques,* 1995 ; *Les Mots magiques,* 1998), Jean-Marc Vallée signe avec *C.R.A.Z.Y.* (2005) une entraînante chronique familiale ayant pour toile de fond le passage du Québec dans la modernité. Le cinéaste y démontre un talent exceptionnel pour saisir l'atmosphère d'une époque à travers une série de détails signifiants.

Révélé par le délicat *Une jeune fille à la fenêtre* (2001), Francis Leclerc a été célébré pour *Mémoires affectives* (2004), improbable mais troublante histoire d'un homme qui, à la suite d'un accident, vampirise la mémoire de ceux qui l'entourent. Quant à Ricardo Trogi, son *Québec-Montréal* (2002), dans lequel une galerie de personnages roulent en direction de Montréal par une chaude journée, présente une ironie caustique qui n'est pas sans rappeler *Le Déclin de l'empire américain*. *L'Horloge biologique* (2005), son deuxième long métrage, exploite le même ton acerbe sans toutefois marquer de progrès sur le plan cinématographique. Enfin, avec *Manners of Dying* (2004), Jeremy Peter Allen utilise une approche rigoureuse et précise de la mise en scène pour raconter en une série de huit variations l'exécution d'un condamné.

Conclusion

Les succès récents du cinéma québécois, s'ils constituent en soi une bonne chose, ne devraient cependant pas masquer les difficultés grandissantes auxquelles sont confrontés de plus en plus de cinéastes. En effet, l'industrialisation et la rencontre tant attendue avec le public n'ont pas réglé les problèmes de financement, qui demeurent aigus, et ont contribué à éluder une question fondamentale : pourquoi tourne-t-on des films au Québec ?

À cette question, le discours justifiant les « industries culturelles » propose une réponse : le cinéma et la télévision sont d'importants secteurs d'activité économique qui créent des milliers d'emplois. La synergie cinéma-télévision est un moteur économique essentiel, notre savoir-faire attire de précieux tournages étrangers qui injectent de fortes sommes dans l'économie, le succès des productions locales garantit une stabilité de l'emploi, nous tournons des films pour qu'ils soient vus par le plus grand nombre de spectateurs possible, etc.

Or, il existe au moins un autre angle sous lequel peut être étudiée cette question. C'est celui de la culture. Celui de l'art. Adopter une telle position n'est plus tellement en vogue, le discours industriel occupant l'essentiel de l'espace public. Pourtant, les grandes figures qui jalonnent l'histoire du cinéma québécois, les Jutra, Groulx et Perrault, n'ont pas fait courir les foules.

S'il est vrai que la singularité de la culture québécoise est à l'origine d'une forme de marché protégé pour le cinéma national, il n'en demeure pas moins que l'existence d'une cinématographie au Québec n'a de sens que dans une perspective culturelle plutôt que strictement économique. Or, l'existence culturelle et artistique du Québec ne devrait pas être assujettie à une bancale logique de marché.

Il importe donc de préserver un équilibre entre, d'une part, la volonté des industriels du cinéma de rejoindre le plus grand nombre et, d'autre part, les aspirations légitimes de cinéastes aux prises avec l'urgence de s'engager sur la voie de la singularité et d'exprimer leur vision du monde.

Bibliographie choisie

CARRIÈRE, Louise *et al.*, *Femmes et cinéma québécois,* Montréal, Boréal Express, 1983.

CinémAction, « Aujourd'hui le cinéma québécois », Paris/ Montréal, Cerf/OFQJ, n° 40, 1986.

COULOMBE, Michel et Marcel Jean, *Le Dictionnaire du cinéma québécois,* Montréal, Boréal, 1999.

Dérives, « Cinéma québécois, nouveaux courants, nouvelles critiques », Montréal, n° 52, 1986.

FOURNIER-RENAUD, Madeleine et Pierre Véronneau, *Écrits sur le cinéma : bibliographie québécoise 1911-1981,* Montréal, Cinémathèque québécoise, 1982.

GAREL, Sylvain et André Paquet (dir.), *Les Cinémas du Canada,* Paris, Centre Georges-Pompidou, 1992.

HOULE, Michel et Alain Julien, *Dictionnaire du cinéma québécois,* Montréal, Fides, 1978.

LACASSE, Germain, *Histoire de scopes, le cinéma muet au Québec,* Montréal, Cinémathèque québécoise, 1988.

LEBOUTTE, Patrick *et al.*, *Cinéma du Québec, au fil du direct,* Liège (Belgique), Yellow Now, 1986.

LEVER, Yves, *Histoire générale du cinéma au Québec,* Montréal, Boréal, 1988.

Marsolais, Gilles, *L'Aventure du cinéma direct revisitée,* Montréal, Les 400 coups, 1997.

Revue belge du cinéma, « Imaginaires du cinéma québécois », Bruxelles, n° 27, 1989.

Tremblay-Daviault, Christiane, *Un cinéma orphelin, structures mentales et sociales du cinéma québécois : 1942-1953,* Montréal, Québec/Amérique, 1981.

Turner, D. John, *Index des films canadiens de long métrage, 1913-1985,* Ottawa, Archives nationales du Canada, 1986.

Véronneau, Pierre, *Histoire du cinéma au Québec,* t. I : *Le succès est au film parlant français,* Montréal, Cinémathèque québécoise, 1979.

—, *Histoire du cinéma au Québec,* t. II : *Cinéma de l'époque duplessiste,* Montréal, Cinémathèque québécoise, 1979.

—, *Histoire du cinéma au Québec,* t. III : *Résistance et Affirmation. La production francophone à l'ONF — 1939-1964,* Montréal, Cinémathèque québécoise, 1979.

Weinmann, Heinz, *Cinéma de l'imaginaire québécois, de la petite Aurore à Jésus de Montréal,* Montréal, L'Hexagone, 1990.

Divers dossiers et articles publiés dans la revue *24 images* depuis 1988 nous apparaissent aussi être essentiels à la bonne compréhension de l'évolution récente du cinéma québécois.

Index

MISE EN PAGES ET TYPOGRAPHIE :
LES ÉDITIONS DU BORÉAL

ACHEVÉ D'IMPRIMER EN SEPTEMBRE 2005
SUR LES PRESSES DE L'IMPRIMERIE GAUVIN
À GATINEAU (QUÉBEC).